プロ野球戦国時代！

次の盟主はここだ！

小関順二［著］

学陽書房

目次

序章

プロ野球新時代到来

第1章

北海道日本ハムファイターズの大冒険

第2章

暗黒時代を脱した広島東洋カープの未来予想図

第3章

王道を突き進む福岡ソフトバンクホークスの戦略

第4章

巨人の迷いはセ・リーグ各球団の迷いになる

第5章

中日の足踏み、阪神「超変革」の行方

終章

プロ野球戦国時代、次の盟主はここだ

序章

プロ野球新時代到来

●広島優勝の原動力となった若手投手陣

２０１６年のセ・リーグは広島が１９９１年以来25年ぶりの優勝を飾り、大きな話題になった。シーズン前、エースの前田健太がメジャーリーグのロサンゼルス・ドジャースにポスティングシステム移籍したためほとんどの野球関係者は優勝候補に挙げていなかった。私の評価も前年より低かった。

15年３月16日付毎日新聞夕刊、特集ワイドという中で行った私の順位予想は、１位巨人、２位ＤｅＮＡ、３位広島、４位ヤクルト、５位阪神、６位中日だった。予想に加わった野球評論家や識者の中で広島の優勝を予想した人は一人もおらず、４人中最も高い順位をつけたのが私の３位。前田の穴が懸念材料としていかに大きく伝わっていたかわかる。

この前田の穴を埋めたのがプロ４年目の野村祐輔である。前年は自己ワーストの５勝８敗、防御率４・６４でチームの足を引っ張ったが、16年は黒田直伝のツーシームで右打者の内角を突く攻撃的なピッチングが光り、16勝３敗、防御率２・７１という成績でチームを優勝に導いた。

苦手にするパ・リーグとの交流戦では、ロッテ、日本ハム、西武を相手に3連勝を飾り、防御率は1・00と完璧に近い。先発して6回まで投げ、あとはリリーフに託すというのが3戦に共通しているパターンで、ロッテ、日本ハム戦はリリーフもヘーゲンズ、ジャクソン、中﨑翔太と同じ顔ぶれで、西武戦は大差がついたのでヘーゲンズ、今村猛の継投になったが、競った展開だったらヘーゲンズのあとはジャクソン、中﨑が1イニングずつ投げて試合を締めたことは想像に難くない。これが広島を優勝に導いた「勝利の方程式」である。

中継ぎの貢献ポイントであるホールド数が15年の71から99に跳ね上がり、登板数はジャクソン67、今村67、ヘーゲンズ50と3人に集中した。勝ちパターンになったときの中継ぎ陣の奮闘が光る。

守護神の役を担った中﨑は防御率が1・32を記録、セ・リーグの抑えとしては圧倒的な1位だった。昨年は6月まで防御率3・89とよく打たれた。スタートダッシュの失敗はすべて中﨑にあるとまで批判され、打たれても、打たれても抑えで起用した緒方孝市監督にも批判が集中したが、今となればその辛抱は16年のための伏線だったとわかる。

なお、中﨑が16年シーズン失点したのは61試合中11試合だけ。6月までは9試合あった失点ゲームが、7月以降はわずか2試合というのは15年同様の乱高下ぶりだ。後半3カ月のチーム成績37勝17敗、勝率・685は、シーズン中盤以降に調子を上げた中崎の成績と合致する。これだけ見ても中崎がチームを支えた一人と言ってもいいだろう。

●MVPに輝いた「アライさん」はチーム一のいじられキャラ

セ・リーグのMVP（最優秀選手）に輝いたのは野手のチーム最年長、新井貴浩だった。7年間在籍した阪神を自由契約になったあと古巣の広島に拾われる形で移籍、15年の打率・275、本塁打7、打点57は年齢的にも引退近しの印象を与えたが、昨年は打点王を獲った阪神時代の勝負強さが戻っていた。

4月26日には史上47人目の2000本安打を達成、さらに2位巨人に4・5ゲーム差に迫られた8月7日の巨人戦では6対7でリードされた9回裏、二死走者なしから菊池涼介が同点ソロホームランを放ち、なおも丸佳浩が四球で歩いたあと新井がレフト左を破る二塁打を放ち、サヨナラの走者を迎え入れている。負ければ同一カード3連敗で、巨人とのゲーム差は3・5になっていた。

最も印象的だったのは優勝が決まったあと、チーム最年長の黒田博樹とグラウンド上で抱き合う姿だ。黒田は08年に海外FA権を行使してロサンゼルス・ドジャースに移籍し、新井も同じ年、FA権を行使して阪神に移籍した。同じ年にチームを出て、同じ年にチームに戻った奇しき因縁が2人を強く結びつけ、同じ年に新井が2000本安打、黒田が日米合算で200勝を挙げた。

同じ年に一度はチームを出た2人だが、見送られ方は対照的だった。在籍11年間で通算103勝89敗を挙げた黒田はチームへの貢献が認められて温かく送り出されたが、通算打率・279、安打987、本塁打194、打点574の新井にはブーイングが起こり、移籍を発表する記者会見では泣きはらした顔で、「カープが好きなので辛かったです」と言葉を振り絞った。

本人の実力よりチームの育成力に助けられてここまできた、ならばもう少しチームに恩返ししてもいいのではないか、そんな思いが批判の声になったわけだが、「嫌いは好きの裏返し」的なファン感情もあったと思う。阪神のユニフォームに袖を通して広島市民球場に姿を見せたときはスタンドのあちこちから敵意のこもったブーイングが新井に向かって飛んだ。

あれから7年が経ち、広島カープを取り巻く環境は大きく変わった。新球場のマツダスタジアムには2人が在籍していた07年の約2倍、1試合平均3万人近い年間200万人を超える観客が押し寄せ、真っ赤なレプリカユニフォームに身を包んだ〝カープ女子〟が席を占めるようになっていた。気性の荒さは変わらないが、おらが町のスター選手を思うまっすぐな気持ちは7年前より確実に新井の心に伝わっていた。

新井はゲーム中に黒田とともに積極的に声を出し、身振り手振りでチームを引っ張った。ヒーローインタビューでは後輩からいじられまくり、2000本安打を記念して作成された真っ赤なTシャツの背中の部分にはヘタな守備をおちょくるような絵柄の上に「まさかあのアライさんが……。」の文字があった。若手の多いチームの中で39歳のベテランがムードメーカーとなっていじられまくっている姿は他球団ではなかなか見られない。

●神ってる男の3戦連続ホームラン

2016年のユーキャン新語・流行語大賞は「神ってる」だった。広島の若きスラッガー、鈴木誠也の活躍を緒方監督が「神ってる」と表現してから急速に世間に広まっていった。「神懸っている」を若者言葉で表現した新語で、広島の活躍が球界だけでなく一般社会に広く受け入れられている様子をこの受賞は物語っている。

鈴木は大谷翔平（花巻東高）と藤浪晋太郎（大阪桐蔭高）が大きな話題になっていた2012年の夏を二松學舎大付属高で過ごしていた。無名だったわけではない。この年の6月19日には来日したアメリカの高校選抜を相手に、板山祐太郎（成立学園、現阪神）、高山俊（日大三高、現阪神）、横尾俊建（日大三高、現日本ハム）、吉本祥二（足立学園、現ソフトバンク）らとともに東京選抜の一員としてプレーしているのだ。

もっとも、このときは打者ではなく第2戦の10対1でリードした9回裏に5番手として登板、9番打者から始まる打者を3人で料理して、代打の1番打者はカーブで見逃しの三振に取っている。打者として注目されていなかったかというと、そんなことはない。専門誌の『アマチュア野球』（第33号　日刊スポーツ出版社）は外野手として紹介し、寸評には「強烈に引っ張る打球は超高校級の迫力」とある。

この年のドラフト会議で広島から2位指名されてプロ入りするのだが、高く評価していたのは広島だけではない。3球団が1位入札した東浜巨（投手・亜細亜大）を獲得したソフトバンクは、もしこの抽選で負けていたら外れ1位で鈴木を獲得しようともくろんでいた。凄腕のソフトバンクと広島のスカウトがともに高い順位で獲得を目指していたところに、鈴木の潜在能力の高さがうかがえる。

あとでも書くが、私は若い選手が大化けする前兆を次のような成績で感知する。

〈前々年、二軍で長打率4割超え、前年、一軍で40安打超え〉

鈴木はこの大化けの法則をクリアしていた。

14年（二軍）……打率・284、安打52、本塁打4、長打率・415
15年（一軍）……打率・275、安打58、本塁打5

ちなみに、DeNAの宮﨑敏郎もこの法則をクリアしている。

14年（二軍）……打率・322、安打85、本塁打6、長打率・432
15年（一軍）……打率・289、安打44、本塁打1

宮﨑は16年、打率・291、安打88、本塁打11、打点36で二塁のレギュラーをほぼ手中にし、鈴木が打率・335、安打156、本塁打29、打点95で、チームどころかリーグを代表する外野手になった。

この鈴木が最も光り輝いたのは16年の交流戦、オリックス戦だろう。

6月17日の1回戦は4対4で迎えた延長12回裏、無死二塁の場面で比嘉幹貴の外に逃げる変化球を泳がされながらマツダスタジアムの上段に運ぶサヨナラツーランを放つ。

翌18日は1対3で迎えた9回裏、一死一、三塁の場面で守護神・平野佳寿《よしひさ》から左中間に運ぶサヨナラスリーラン。試合後の勝利監督インタビューで緒方監督は、「いや〜、今風の言葉で言うと、神ってるよね」と興奮気味に振り返った。

そして、19日の第3戦は4対4で迎えた8回裏、山﨑福也《さちや》のチェンジアップをレフト上段に運ぶ決勝ホームランを叩き込み、ヒーローインタビューでは打てる理由を聞かれ、「わからないです」と首をひねった。

最初のサヨナラホームランを打った17日は阪神の福留孝介が日米合算の2000本安打をサヨナラ安打で決め、ヤクルトの山田哲人は1シーズンで両リーグ全11球団から本塁打を放った。それでも飾れなかった日刊スポーツの一面は新人・オコエ瑠偉が1回表、先頭打者として放った左中間を破る三塁打だった。

しかし、3日連続で決勝ホームランを放った翌日の一面を飾ったのは、交流戦1位を2年連続で決めたソフトバンクでも、交流男・城所龍磨の満塁本塁打でもなく、鈴木の決勝本塁打だった。そして、その一面の見出しにはこんな言葉が林立していた。

イチロー超えた赤イチロー　誠也
「神ってる」カープ21歳
3戦連続V弾

日本ハムには二刀流の大谷翔平、ソフトバンクにはトリプルスリーのフルスイング男、柳田悠岐、そして広島には〝神ってる〟鈴木誠也がいる。15年オフ、内川聖一（ソフトバンク）が行った自主トレに参加した鈴木を見て内川は「意識が高くてありがたい。持っている力は僕より数段上。トリプルスリーもできるだけのものを持っている」と激賞。それが社交辞令に聞こえなくなっている。

●二刀流、大谷翔平の出現を境に強打者がどんどん出てきた

鈴木誠也は確かにプロ野球界にブームを巻き起こしたが、さらに大きな社会的現象になったのが大谷翔平の二刀流だった。大谷が日本でプレーするのは２０１７年、つまり今年限りというのが私の予想だ。残された時間があまりないという切羽詰まった感じが私に

はあるので、時間が許す限り大谷のプレーを目に焼きつけておこうと16年は大谷が出場した試合を8試合、球場で見た。

5月10日　日本ハム4―0オリックス（5番・指名代打）
5月11日　日本ハム6―2オリックス（5番・指名代打）
6月5日　日本ハム6―2巨人（5番・投手）
8月31日　楽天13―4日本ハム（3番・指名代打）
9月1日　日本ハム8―0楽天（3番・指名代打）
9月28日　日本ハム1―0西武（先発投手）
11月11日　侍ジャパン11―4メキシコ代表（3番・指名代打）
11月12日　侍ジャパン9―8オランダ代表（6番・指名代打）

この8戦を見ると大谷の動きが何となくわかる。投手としての出場が8試合のうち2試合、あとの6試合は打者としての出場だ。これは投打の比率がやや打者のほうに偏った16年をよく反映している。

そして打順は5番で始まり、夏前からは3番に定着する（実際には6月から3番になる）。5月29日の楽天戦では6番・投手として〝リアル二刀流〟を実現、投手としてはストレートの最速が161キロを計測し、打者としては5打数3安打1打点で猛打賞を記録した。出場するたびにストレートの速さや打球の飛距離が話題になり、栗山英樹監督や相手チームの誰かの言葉がコメントとして紹介される。イチローがオリックスで頭角を現した頃がこういう扱いだった。

球場で大谷の本塁打を見たのは5月10日、11日のオリックス戦、11月12日のオランダ戦の3試合だ。最初の1本はディクソンのチェンジアップを打って東京ドームのバックスクリーン右に掲げてある「ＲＹＯＢＩ」の看板を直撃、2本目は東明大貴《とうめいだいき》の初球142キロのストレートを左中間スタンド最前列にツーラン、オランダ戦の1発は3番手の137キロを右中間上段へ特大のソロと、球種も打球方向も三本三様だった。

投手としては6月5日の巨人戦が2度目のリアル二刀流で、ストレートの最速は163キロ、リーグ優勝を決めた9月28日の西武戦が159キロを計測、巨人戦は6安打2失点、西武戦は1安打完封という出来のよさだった。とくに西武戦は15奪三振を記録して、125球のうちストレートはほとんど150キロを超えていた。

この大谷が2年目の14年に11勝を挙げ注目を集め、歩調を合わせるように筒香嘉智（外野手・DeNA）、山田哲人（二塁手・ヤクルト）、柳田悠岐が本格化した。これはけっして偶然ではない。さらに同世代の鈴木誠也は大谷が東京ドームの天井に消える二塁打を放ったオランダとの強化試合では決勝の満塁本塁打を放ち、存在感をアピールしている。

この強化試合が行われる前のフリーバッティングで2人は同じ組で回り、鈴木は「彼（大谷）は化け物です」「ベンチの中でもスイング音が聞こえてくる」と話しているが、これは誇張ではない。

私も日本代表のフリーバッティングをネット裏で見ていたが、大谷のスイングは鈴木だけでなく、中田翔（日本ハム）や筒香をも上回り、殺人的なスイング音を東京ドーム内に響かせていた。投手は打者大谷を抑えようと強く腕を振り、打者は大谷のストレートに負けまいと強くバットを振る――1人の選手の出現によって11球団の投手と打者が信じられないくらいの変貌を遂げている、そういう野球界全体の進化を目撃できる時間があと少ししか残されていない。

ここからは、大谷翔平や鈴木誠也など〝ニューウエーブ〟が出現した背景にも迫りたい。彼らの出現は果たして偶然だったのか必然だったのか。

●高校野球に革命をもたらしたウエートトレーニング

アマチュア野球は得点圏に走者を進めるためのバントを多用する。例えば、高校野球では6点リードされている7回に一塁走者をバントで送ることがある。この場合、優先順位のトップは勝利ではなく、コールド負けから逃れること。その反面、スモールベースボールの実践者とも言うべき社会人が、晴れ舞台の都市対抗で腰がねじ切れるようなフルスイングをすることもある。2016年の1回戦、大阪ガス対西濃運輸戦のことで、大阪ガス各打者が柳田悠岐（ソフトバンク）ばりのフルスイングでバットを振っている姿を見て日本の野球は変わったと思った。いや、旧式の価値観と新機軸が入り混じりながら未来を模索している、そんな感じなのだ。

アマチュア野球を変えているのはプロ野球のスーパースターたちだ。大谷翔平（日本ハム）は投手と打者の二刀流で異次元のプレーを見せているが、その大きな特徴は投手としては強く腕を振って最速165キロのストレートを投げ、打者としては強くバットを振って打球を遠くへ飛ばすというシンプルなプレースタイルにある。

野茂英雄が出現すれば大人も子供も腰を大きくねじるトルネードで投げ、イチローが出現すれば独特のタイミングでボールを捉えようとする振り子打法が全国に溢れた。子供がトルネードで投げ、振り子で打つ姿は微笑ましいが、大谷の投げる姿や打つ姿は正統派ならではの美しさがある。そして、その美しい投球フォームから放たれるスピードボールは私たちが遭遇したことのない速さで打者のバットを押し込み、フルスイングから放たれる打球は美しい弧を描き、ときには東京ドームの天井の隙間にライナーでもぐり込んで姿を消す。大谷を見ていると、日本の野球はついにここまできたのだなと深い感慨にとらわれる。

高校野球は70～80年代にかけて、圧倒的な人気を誇った。〝神様が創った試合〟と言われた１９７９年夏の箕島高対星稜高が火付け役になり、翌80年は1年生投手の荒木大輔（早稲田実）が人気をさらい、その荒木を82年夏に「やまびこ打線」の池田高が粉砕し、83年には夏、春、夏の甲子園3連覇をもくろむ池田高の野望をＰＬ学園1年生の桑田真澄、清原和博の〝ＫＫコンビ〟が砕いた。

ＰＬ学園は圧倒的な戦力を誇りながら84年は春が岩倉高、夏が取手二高に敗れ優勝旗を手にすることができなかった。85年春も準決勝で剛腕・渡辺智男《とみお》を擁する伊野商の前に屈し、最終学年の85年夏、決勝の宇部商戦で清原が2本の本塁打を放ち、これを桑田が3失点の力投で凌ぎ切り、9回裏のサヨナラ勝利という劇的な幕切れで有終の美を飾るのである。

甲子園を舞台にした物語はその後も長く続くと誰もが思ったが、それまでのブームの反動のためか10年近い不人気の時を迎える。

「昔に比べると速い球を投げる子が少なくなりましたよね。甲子園で、終いで140（キロ）あったのは小松（辰雄、石川・星稜高—中日）が最後でしょう。最近でこりゃ速いと思ったのは川崎（憲次郎、大分・津久見高—ヤクルト）ぐらいだよね」

この発言は広島の黄金時代を築く陰の原動力となった名スカウト・木庭教《きにわあつし》の94年頃の発言だが（『スカウト』後藤正治著　講談社より）、連載しているタブロイド紙にも同様の発言を繰り返し、高校野球の停滞を嘆いていた。

高校野球が低迷を脱したのは、98年春に〝平成の怪物〟こと横浜高の松坂大輔（ソフトバンク）が登場してからだ。松坂の実力もさることながら、松坂がウエートトレーニングで肉体改造に取り組んでいるという情報に時代の違いを感じた。

松坂の登場から5年後の2003年には東北高の2年生右腕、ダルビッシュ有（レンジャーズ）が甲子園に登場し、05、06年夏には春夏の甲子園で優勝経験のない北海道勢の駒大苫小牧高が史上2校目となる2連覇を果たし、06年に最後のマウンドに立っていたのはリリーフで登板した2年生の田中将大（ヤンキース）だった。

甲子園はかつての人気を取り戻したが、根本的に昔と違うのは高校球児の体つきである。プロテインとウエートトレーニングで筋肉を武装した彼らの投げるストレートはかつての球児が速球派の目安とする140キロをはるかに超えるようになった。2016年夏の甲子園大会でその140キロを超えた投手は43人。木庭スカウトが今生きていたら、何と言うだろう。

●指導資格回復研修と元プロの指導者の激増

2013年、元プロ野球選手の学生野球での指導資格を回復するための研修会が開かれ、約100人の元プロが受講した。それまでは中学、高校で2年の教諭歴がなければ学生の指導者になれなかったが、わずか2回の研修を受けるだけで資格が回復するようになった。その結果、数えるほどしかいなかった元プロの高校野球の指導者が、13年を境に高校、大学に数多く在籍するようになった。それ以前に大学の野球部には元プロの監督が珍しくなく、社会人球界には指導者だけでなくプレーヤーとしても入社していたので、プロの技術がアマチュア野球界全般に広まる環境は整っていた。

打つ形、投げる形より、強くバットを振って強い打球を飛ばす、強く腕を振って速いボールを投げるほうをプロは重要視する。彼らがアマチュア全般で指導するのと時を同じくして、プロ野球界には大谷や藤浪晋太郎（阪神）という従来の価値観ではとらえ切れないスケールの大きい本格派が出現し、世界レベルでは数々の国際大会が行われるようになっている。今や野球界は「世界水準」という物差しで見ないと将来を予測できなくなり、大谷や柳田などの登場により日本の野球界は辛うじて世界水準に足並みを揃えることができるようになっている。

そんな国際化の波に洗われるような時代にプロ野球の各球団は何をすればいいのだろうか、というのがこの本の主要テーマだ。慶應義塾の創設者、福沢諭吉は『学問のすすめ』で「一身独立して一国独立す」という金言を残しているが、各球団がやるのはそういうことだ。「心身の独立を全うし、自から其身を尊重して人たるの品位を辱めざるもの、之を独立自尊の人と云ふ」（教訓集『修身要領』第2条）

●先進的な球団と後進的な球団の二極化が進んでいる

「高校生は即戦力ではなく3、4年先の戦力」という昔から言われてきた価値観が時代遅れになっているのは、松坂の登場以降、高校生がプロ1、2年目から一軍の戦力になることが珍しくなくなったからだ。WBC（ワールドベースボールクラシック）など国際大会でも中心戦力になるのは、野手は高校卒が多い（投手は大学卒が多い）。

かつて、プロ野球のドラフト戦略で中心勢力になるのは即戦力候補と言われる大学生や社会人で、高校生は体作りに時間がかかるのが敬遠され、戦力に余裕のある球団以外は脇に置かれることが多かった。それが16年には少し様子が変わってきた。前年の15年は大学生投手6人、高校生投手2人だったドラフト1位が、16年は大学生投手5人、社会人投手1人、高校生投手4人という内訳になり、高校生の需要が少し増している。もちろん、その年によって数の変動はあるが、ウエートトレーニングの普及で高校卒選手の早い抜擢が可能になっている現状が透けて見えている。

主にドラフトのことを中心に書いているのは、これまでチーム強化のためFA戦略をはじめ、外国人補強、トレードなどさまざまなチーム補強の方法論が考えられてきたが、「究極のチーム補強はドラフト」という認識がここへきて定まってきているからだ。

そのドラフトを最もうまく活用しているのが日本ハム、ソフトバンク、広島で、日本ハムと広島は年俸の総枠という制約を抱えながらの補強、ソフトバンクは孫正義オーナーの世界一決定戦「クラブ・ワールドカップ構想」の実現とそこでの勝者を目指して、資金を惜しみなく投下するというスタイルの違いがある。

ソフトバンクの球界参加を促したのは2004年に起こった〝球界再編騒動〟である。「悪法も法なり」と幅を利かせていたドラフトでの希望枠制度が06年限りで廃止され、高校生ドラフトと大学生&社会人ドラフトを別々に行っていた分離ドラフトは07年限りで廃止され、翌08年から現在のような統一ドラフトとして行われている。

過去10年のプロ野球の歩みは、プロ野球発足83年の歴史の中でも特筆すべき重要な期間で、ここで核にされたのは、現在のプロ野球で必要とされているのが知恵と工夫と円滑な球団運営を妨げない程度の資金力だということ。日本ハム、ソフトバンク、広島の過去10年の歩みを見るとそれがよくわかる。

そして、本書で3球団と対照的に描いたのがセ・リーグの伝統球団、巨人、阪神、中日である。私は日本の野球界が世界一の野球環境と実力をもって世界に君臨することを切望している。そのためには「一身独立」の精神から外れる球団が出ては困る。日本が世界一の野球大国になるためには伝統と人気と財力のあるこの3球団の奮起が欠かせないのだ。

なお、本書ではすべての登場人物の敬称を略させていただいた。他意がないどころか、私にとって最高の敬意の表し方が呼びつけなのだとご理解いただきたい。

また、ドラフト順位の表記についても断っておきたい。2001～07年までの7年間、ドラフト制度はある部分でドラフトではなくなった。93年から大学生と社会人に限り、選手が入りたい球団を選べる「逆指名」制度を導入していた。01年には「逆指名」が「自由枠」という呼び名に変わり、さらにドラフト前に1球団2人までの制限つきながら「契約締結内定選手」として契約できるようになった。「ドラフト前」に1球団2人まで入団が内定するなら、それはもはやドラフトではない。

詳述しないが、選手が球団を選べる制度は「自由枠」から05年に「希望枠」と名を替え、名称変更をきっかけに1球団2人まで指名できたのが1人までに縮小され、さらに大学生&社会人と高校生を別個に指名する分離ドラフトが取り入れられ、これは07年まで続いた。この01～07年の7年間は「ドラフトの異常時代」と言ってよく、その球団に2番目の評価で入団したのに指名順位は「3巡」になる選手もいる（01年の西武・中村剛也は2巡で、ダイエー・杉内俊哉は3巡）。

この7年間を「異常時代」と記憶し続けるため、本書では指名順位を01～07年までは「巡」と表記し、08年以降、あるいは00年以前を「位」と表記している。読みづらいと思うが、最後までお付き合いいただければこれに勝る喜びはない。

第1章

北海道日本ハムファイターズの大冒険

●本拠地移転がファイターズを変えた

プロ野球が大きく変わったのは２００４年の「再編騒動」以降である。１９５０年からプロ野球に参画していた近鉄をオリックスが吸収、球界は2リーグ制から1リーグ制に縮小しようとしていた。それに対して選手会とファンが反旗を翻し、04年の9月18、19日、プロ野球界初のストライキが決行された。

選手会の動きはファンから支持され、プロ野球界は2リーグ制に踏みとどまった。それと同時に楽天の球界参画や、ダイエーのソフトバンクへの身売りが行われ、さらに観客動員の実数発表や、資金力のある球団に有利に働いていたドラフトの改革も行われ、プロ野球界は大きな変革の時を迎えようとしていた。この04年に日本ハムは本拠地を東京ドームから北海道の札幌ドームに移し、2年後の06年には44年ぶりの日本シリーズ制覇、16年には3回目の日本一に輝き、ソフトバンクとともにプロ野球界の新時代を担う象徴的な存在になっている。もちろん、17年も優勝候補の一角を占めている。

●似た者同士で争われた2016年の日本シリーズ

2016年の日本シリーズは06年以降、優勝4回（日本シリーズ制覇1回）を数える日本ハムと、1991年以来25年ぶりにリーグ優勝を飾った広島という67年間で初めての顔合わせとなった。10月23日、広島の本拠地・マツダスタジアムで行われた第1戦のスターティングメンバーを見てみよう。

日本ハムはスタメンの中に移籍選手が田中賢介一人しかおらず、広島には一人もいない。途中出場を見回しても日本ハムは市川友也、矢野謙次、石井裕也、広島は新井貴浩、赤松真人しかいない。田中賢介は13

2016年日本シリーズ第1戦スタメン

［日本ハム］		［広島］	
（左）	西川遥輝	（遊）	田中広輔
（遊）	中島卓也	（二）	菊池涼介
（右）	岡　大海	（中）	丸　佳浩
（一）	中田　翔	（左）	松山竜平
（中）	陽　岱鋼	（右）	鈴木誠也
（二）	田中賢介	（一）	エルドレッド
（三）	レアード	（三）	安部友裕
（投）	大谷翔平	（捕）	石原慶幸
（捕）	大野奨太	（投）	ジョンソン
――途中出場――		――途中出場――	
（捕）	市川友也	（一）	新井貴浩
	清水優心	（左）	赤松真人
（打）	近藤健介	（打）	西川龍馬
	矢野謙次	（投）	今村　猛
	谷口雄也		ジャクソン
（投）	石井裕也		中﨑翔太
	バース		
	鍵谷陽平		

～14年に渡米、サンフランシスコ・ジャイアンツやテキサス・レンジャーズのマイナーリーグなどでプレーする前は日本ハムの選手だったので生え抜きと言ってもよく、広島の新井も阪神にFA移籍する前は広島の選手だった。ちなみに、赤松はその新井の人的補償で阪神から移籍した選手だ。

日本球界の中でただ1球団、親会社を持たない広島と、選手の総年俸額の大枠が決められている日本ハムはともに資金力が潤沢でないため、FA宣言した他球団の主力選手を獲得に向かうことはほとんどない。「ほとんどない」とあいまいな書き方をしたのは、日本ハムは04年、FA権を取得してメジャー挑戦を表明したもののMLB各球団が興味を示さなかったため行き場を失った稲葉篤紀（当時ヤクルト）を獲得したことがあるからだ。

1993年にFA制度が導入されてから24年、百数十名がFA制度を活用して他球団に移籍している中で、獲得したのはイレギュラーが発生して宙に浮いた稲葉1人だけというのはみごとである。そして、広島はそういう例外さえない。つまり、2016年の日本シリーズはドラフトで獲得した選手をファームで育成し、チームの中心に育て上げるという似た者同士で争われたのである。

●ＦＡ制度に泣かされた広島、逆手に取った日本ハム

ＦＡ制度がなかった時代、例えば有望なキャッチャーが登場するとスカウトは「これで向こう10年、キャッチャーを獲らなくていい」と言っていたが、今はＦＡ権を行使して他球団に移籍する選手が多く、超一流になるとさらにステージを上げメジャーに活躍の場を求める選手が多い。つまり、主力選手ほど後継者探しを急がなければならなくなっている。

「似た者同士」と書いた広島と日本ハムだが、ＦＡ権を取得した選手に対する態度は真逆と言っていい。一言で違いを表すと、「広島はウエット、日本ハムはドライ」。広島でよく知られているのは阪神にＦＡ移籍したときの金本知憲に対する対応である。当時の広島はＦＡ宣言を年俸の吊り上げにつながると考え認めておらず、それでもＦＡ宣言すればそれは即退団を意味していた。金本が１００万円でいいから再契約金を出してくれと訴えたのは一流選手としての誇りゆえだが、広島のフロントは前例になることを懸念して一切耳を貸さず、金本は愛着のあるチームを離れなければならなかった。

それに対して、日本ハムは「出たいならどうぞ」と割り切って対応している。ＦＡやポ

スティングシステムを活用して移籍した選手の顔ぶれは、小笠原道大、ダルビッシュ有、田中賢介以外は、鶴岡慎也、大引啓次、小谷野栄一などそろそろ力が下降する時期に入っている選手が多い。衰えが見え始めてもチームの功労者だから年俸は高い。そういう選手を慰留せず、むしろFA移籍を後押ししている印象すらある。

そして、最近は中心選手に対しても同じような対応をしている。13年にはポスティングシステムを活用してメジャー挑戦を訴えた糸井嘉男を八木智哉とともにオリックスに放出している（木佐貫洋、大引啓次とのトレード）。3年後の16年オフ、FA権を取得した糸井の移籍先があれこれ憶測されていた状況を見ると、うまいトレードだったと思う（糸井は阪神に移籍）。また16年オフにFA権を取得したものの残留か移籍か結論を出せずにいた陽岱鋼は、球団との話し合いの中で「戦力構想に入っていない」と感じFA宣言を決意する。その辺のやりとりはスポーツ紙が詳しく報道しているので紹介しよう。

「今季年俸1億6000万円からの金額増や複数年契約の希望も胸にあったが、話し合いの途中で球団の限られた予算や若手を積極的に起用する方針を感じ『自分が戦力構想に入ってないと感じた』と言う。ただ、自身もプロ入り当初から出場機会をもらって成長してきただけに『球団も僕のために考えてくれた。（育成）システムも予算も分かってる』とわだかまりはない」（2016年11月8日付スポーツニッポン）

この記事の最後には「球団との最後の会談を終えた際に吉村浩GMから『卒業おめでとう』と声を掛けられ、ガッチリと握手を交わした」とあるが、ここまでドライに対応されたら陽だって笑うしかないだろう。したたかだが、後味はけっして悪くない。

ファンやマスコミが注目しているのは、大谷翔平がポスティングシステムを活用して、いつメジャーリーグに移籍するか、ということ。私は17年オフ、つまり今年のオフだと思うが、一抹の不安は日本ハム投手陣に「ポスト大谷」になり得る大物がいないことだ。

準備を怠っているわけではない。大谷を獲得した翌年から、13年松井裕樹（桐光学園↓楽天）、14年有原航平（早稲田大）、15年高橋純平（県岐阜商↓ソフトバンク）、小笠原慎之介（東海大相模↓中日）、16年田中正義（創価大↓ソフトバンク）、佐々木千隼（桜美林大↓ロッテ）と大物感のある本格派を指名しているのだ。有原は獲得したが、松井、高橋、小笠原、田中、佐々木は抽選負けして獲得できなかった。

次代のエース候補がいないまま大谷にメジャー移籍されたら大変だと思う前に、ポスト大谷の準備を大谷が入団した翌年から始めていることに驚かされる。フロントは大谷が球団の屋台骨を背負うエースになることを最初から信じて疑わず、その流出に備えてドラフトでは素質に富んだ本格派を1位で入札し続けてきたのである。

一流選手には早い時期から後継者を準備するというのは日本ハムのお家芸である。小笠原道大と岡島秀樹が移籍した07年は日本一からリーグ優勝、ダルビッシュ有が移籍した12年は2位からリーグ優勝、大引啓次と小谷野栄一が移籍した15年は3位から2位と大きな低迷はなく、むしろ前年より成績がアップしていることのほうが多い。こういう千里眼のような選手補強を陣頭指揮しているのが吉村浩GM（ゼネラルマネージャー）である。

●吉村浩GMが証明した高校卒野手が活躍する絶対条件

吉村浩の経歴は非常に戦略的だ。大学を卒業後、日刊スポーツ新聞社に入社、そこからパ・リーグ事務局を経て、渡米してデトロイト・タイガース職員、帰国後は阪神タイガースの総務部、２００５年から日本ハムのチーム統括本部に加わり現在に至る。

デトロイト・タイガースでの仕事内容は「BASEBALL OPERATIONS

ADMINISTRATOR」とあるので、「ベースボール・オペレーション・システム」（通称ＢＯＳ＝ボス）の管理・運用に携わっていたことがわかる。ＢＯＳとは野球に関わる項目をすべて数値化して、選手を評価するコンピュータソフトのことである。数値化するのは人間なので当然、球団ごとに選手の評価は変わってくるが、重要なのは選手の評価をスカウトの職人芸に委ねないこと。

この文章を書いていて思い出したのがセイバーメトリクスのさきがけになった『マネー・ボール』（マイケル・ルイス著　ハヤカワ・ノンフィクション文庫）に紹介されている言葉だ。

「目で見た内容、見たと信じ込んでいる内容には、実は偏見が含まれている。目だけに頼っていると錯覚に陥りやすい」

これは、吉村が構築しているＢＯＳの背景を簡潔に言い表している。野球を古い職人的な世界から解放し、誰もが価値観を共有できる平明なものにする、一見簡単そうに思えるが、システムを構築していくためには数多くのデータと準備、つまり根気のよさとそれなりの資金投下が必要になる。これを日本ハム球団と吉村は現在もやり続けている。

私が吉村と初めて会ったのは１９９５年、スーパースラッガー賞の受賞パーティー会場である。このときは彼がパ・リーグ事務局に籍を置いている身で突っ込んだ話はしなかったが、阪神総務部時代は私が春、夏の甲子園大会取材で関西に行くことが多かったので、よく話をした。このとき強く印象に残っているのがA４用紙にまとめられた手作りの資料だった。

高校卒野手で一流になった選手は「新人の年、ファームで２００打席立つ」というデータは非常に簡潔で、現在の日本ハムのドラフトを考える上で重要である。それを阪神時代にすでにデータとしてまとめていた。

ファームでも19歳の新人が２００打席立つためにはある程度体作りが進んでいなければならず、技術的にもそれなりの成熟度が求められる。つまり、ゼロか百かという今でもよく言われる「化ければ面白い」タイプは日本ハムでは重要視されない。吉村がドラフトに関わった２００５年以降、高校卒野手は1年目にファームでどういう成績を収めているのか見ていくと、吉村の意図がよく見える。

05年高校生ドラフト1巡の陽仲壽（現在は陽岱鋼）は３９８打席に立ち、96安打、打率・２７４という成績を収めている。同期の高校卒1巡はどうかというと、一軍で54試合に出場した炭谷銀仁朗（西武）は別格として、他の二軍で２００打席を超えているのは岡田貴弘（オリックス、現在のT－岡田）の319打席だけで、平田良介（中日）も鈴木将光（広島）も荒川雄太（ソフトバンク）も到達していない。

1巡以下では川端慎吾（ヤクルト）が316打席、前田大和（阪神、現在の大和）が265打席でクリアしているが、あとは全滅。宇部銀次（楽天、現在の銀次）ですら9打席しか経験していないのである。到達している顔ぶれを見れば、やはりファーム1年目に200打数を超えていることがそれ以降の成功／不成功の目安になっていることがわかる。

翌年以降も中田翔（08年高校生1巡）が224打席、中島卓也（08年5位）が380打席、西川遥輝《はるき》（10年2位）が317打席、谷口雄也（10年5位）が363打席、松本剛（11年2位）が414打席、石川慎吾（11年3位）が227打席、近藤健介（11年4位）が200打席……等々、高校卒野手は1年目からファームで打席に立つ機会を与えられ、そこからチームの主力にのし上がっている選手が多い。10年以上前、獲っても戦力にならない、戦力になるまで時間がかかるとドラフトで敬遠されていた高校生は、日本ハムでは重要な人材供給源となっていたのである。

●吉村を活用し切れなかった阪神タイガース

阪神時代の吉村が編成部なりスカウト部なり球団と直接関係のない総務部企画担当という部署にいたのは、当時球団社長だった野崎勝義の配慮があったためだ。例えば、球団のどこかの部署に入れてデトロイト・タイガース時代に取り組んだBOSを導入しようとしても反発を招くだけで、最悪1、2年で潰されてしまう、そう考えた野崎は上司が野崎ただ一人で、部下のいない総務部企画担当という部署に吉村を入れる。その能力を高く評価し、ヘッドハンティングしてまで招き入れた野崎にとっては忸怩たる思いがあっただろう。

野崎勝義がどんな人物か知らない人もいると思う。簡潔に言えば、野崎はプロ野球の大恩人である。今から13年前の2004年、プロ野球界は巨人・渡邉恒雄巨人オーナー（当時）の提唱する1リーグ・8球団制の話で持ちきりだった。パ・リーグの近鉄バファローズが消滅し（オリックスと合併）、それ以降もロッテとダイエーの合併が水面下で進行していた。資金力の潤沢な8～10球団で日本球界を呑み込もうとするMLBに対抗する意図が渡邉にはあったと思うが、日本のプロ野球はセ・パ対抗戦の色合いが強く、1リーグ制に移行すればとくにパ・リーグファンの喪失感は計り知れないくらい大きい。その流れにストップをかけたのが野崎である。

オリックスと近鉄の合併が発表されてから1カ月後の04年7月13日、野崎は「1リーグ制への移行は性急すぎる。1年かけて検討するべき」と主張。その後、各球団を翻意させようと広島、名古屋、東京を行脚し、巨人の土井誠球団社長（当時）からは「反巨人同盟のようなものを作って物事を進めていくやり方は許せない」と叱責までされている。

当初、2リーグ制を支持する選手会やファンには逆風が吹いていた。それを野崎の言動と行動が順風に変えた。IT企業のライブドア、楽天の新規参入宣言、選手会主導のストライキなどを経て、05年以降の観客数の実数発表、パ・リーグに顕著な地域密着、ドラフトの希望枠撤廃など雪崩を打って長年の懸案が解消。現在のようなプロ野球にした最大の功労者は間違いなく野崎勝義である。

プロ野球再編騒動が落ち着いた2004年12月27日、日刊スポーツは野崎にインタビューを試み、さまざまな設問をぶつけ、答えを引き出している。例えば、アメリカへのレンタル移籍という設問に野崎は「ノー」と答え、06年に予定されていたワールドカップ（WBC）には「まず一度やってみないと」と答えている。そして最後に「阪神フロントの問題点」という設問が用意され、野崎は「スカウトなどの編成能力」と答えている。そういうことを言わなければならなかった理由が当時の阪神にはあった。

スカウトの能力を上げようと考えた野崎は、当時の編成責任者に毎月レポートを提出するように言う。それに対して返ってきた言葉は「できません」。社長が「出せ」と命令すれば部下は「はい」と答えるのが当然だが、当時の阪神は違っていた。どうして出せないのか聞くと、その人物は「阪神にはレポートを出す伝統がありません」と答えたという。それ以降も「出せ」「出せない」の応酬があり、結局ドラフト目前の10月に5月だか6月のレポートが届いたという、笑うに笑えない話がある。これは野崎から直接聞いた話で本当にあったことである。

レポートを提出させるよう進言したのはもちろん吉村で、当然BOSの導入も進言している。それをやるには初期費用はいくらかかるのかと問われた吉村が「1億円」と答えると、フロントは一蹴したという。吉村を取り巻く重苦しい空気が伝わってくるようである。

吉村が日本ハムに移籍したあと、阪神のスカウトに吉村の印象を聞いたことがある。その人は「ああ、何か、高校卒が200打席どうとか言ってたな」と取り付くしまもない言いようで、阪神時代の居心地の悪さが察せられた。

この04年に巨人、横浜（現在のＤｅＮＡ）とともに阪神もアマチュアの選手に４カ月間で総額25万円を渡していたことが発覚、野崎は責任を取って球団社長から連盟担当に降格、後ろ盾を失った格好の吉村は志半ばで阪神球団を去っていった。

●ＢＯＳの導入によって選手の評価が劇的に変わった

吉村が日本ハムに移籍した経緯はわからないが、ブランクを置かずＧＭ補佐として迎えられたのはデトロイト・タイガース時代の仕事ぶりが評価されていたからだろう。当時の日本ハムは10年間でＡクラスが４回という成績も人気もパッとしない中堅どころの球団である。年間観客動員１３６万５６４３人（１試合平均２万００８３人）は同時期の阪神の３１３万２２２４人（１試合平均４万２９０７人）に遠く及ばない。それでも吉村にとっては悪くない環境で、阪神で見向きもされなかったＢＯＳもすぐ導入された。

２０１６年10月30日付の日刊スポーツは「日本一の陰に吉村ＧＭ有り」という大見出しで、一面を割いて吉村を特集。この中でＢＯＳは次のように紹介されている。

「在籍または他球団選手、ドラフト指名候補など、野球に関わる項目をすべて数値化。（中略）閲覧可能なのは、ごく一部の幹部のみ。複雑で緻密なデータベースは、選手を年齢や実績などで『中核』『控え』『育成』などに区分。バランスが整っていれば一定の戦力で適正、将来的な安定も見えてくる」

藤井純一・元球団社長は「あのコンピューターのソフトは吉村さんの頭脳」と言い、選手の総年俸などの年間予算についても一度も超過したことがないと明かしている。

思い返せば2004年秋まで在籍していた阪神の、控えクラスに実績のある（年俸が高い）選手を多く置くやり方に吉村は否定的だった。

04年当時の阪神には、片岡篤史（推定年俸1億8000万円）、野口寿浩（6900万円）、濱中おさむ（5000万円）、前川勝彦（4400万円）、秀太（3500万円）、久慈照嘉（2900万円）など控えに高年俸の選手が多かった。デトロイト・タイガースでBOSに親しんできた吉村にとって、安心を金で買うやり方は生温く感じたに違いない。私から見ても、不必要な選手の年俸をカットすればBOSの初期費用くらい楽に捻出できただろうと思う。

ＢＯＳの導入によって必要最低限の選手だけでシーズンを乗り切る体制が出来上がったが、一人の評価を誤ればシーズン途中にトレードで選手を補強するなどイレギュラーな対応を迫られる。ＢＯＳの運用には相当神経を使うし、精神的にタフでないとできないが、吉村の表情からは不安そうなそぶりはまったく見られなかった。

ＢＯＳとは関係ないが、菅野智之に続いてメジャー志向の強い大谷翔平の入団交渉が難航したことがある。このとき大谷に入団を拒否されたらどうしました、と聞いたことがある。すると吉村は「(球団に)いられなかったでしょうね」と弱気な表情を垣間見せた。私が付き合ってきた中で聞いた初めての弱気な言葉だが、これだって責任感の表れが言わせた言葉と言われればそういう気もする。飄々としているが自分の信念に一分の揺らぎもない、吉村浩とはそういう人物である。

●巨人が数値化してＢＯＳに取り込んでいる10のデータ

ＢＯＳを導入しているのは日本ハムだけでなく、巨人も後発で導入している。ＢＯＳにどんな項目を数値化しているのか吉村は教えてくれないが、何となく想像はつく。

私は試合を見るときはストップウォッチを手放さず、打者は打ってから一塁（あるいは二塁、三塁、本塁）まで何秒で到達するのか全選手のタイムを計測し、俊足の選手が一塁にいるときは盗塁に要するタイムを計測する。投手なら投げ始めから投げたボールがキャッチャーミットに届くまでのタイム、一塁に走者がいるときはクイックモーションのタイム、キャッチャーなら二盗阻止が目的の二塁スローイングに要するタイムを計測する。これに球場に設置されたスピードガンで投手の最高球速を上書きする要領で書き込んでいき、スピードガンがない球場なら偵察する学生にそれまでのMAXを聞き、できるだけたくさんの客観的なデータをノートに書き、帰宅してから分類してパソコンに保存する。こういうことをさらに緻密に人海戦術で多く収集し、数値化しているのかなと想像している。清武英利・巨人GM（当時）は、はっきりと何を数値化しているのか自著、『巨魁』（WAC）に書いている（以下は投手について）。

直球の平均球速、直球の最高球速（MAX）、直球制球（コマンド）値＝精度、防御率、与四死球率、奪三振率、変化球制球値（カーブ、スライダー、フォームなど持ち球ごとに評点する）、投手守備率、牽制（クイック）速度、球質（球威や切れ、伸び、く

せ球を判定）

この中で清武は、「BOSの最大の目的は、優れた才能を持つ選手を数値評価によって発見することである。それは数字で残されるから、検証も容易だ」と書き、さらに「先進的な米国の球団は、あらゆる選手を可能な限り数字で表現しようと試みている。それは視察にあたるスカウトに緊張と強い責任感を生む。そして言い訳を許さない」と結んでいる。

先に紹介した『マネー・ボール』の「目で見た内容、見たと信じ込んでいる内容には、実は偏見が含まれている。目だけに頼っていると錯覚に陥りやすい」に重なる部分が多い。要は古い価値観からの脱却と情報を共有することの重要性と言ったらいいだろうか。

巨人のBOSが出来上がったのは2010年、初期投資額は日本ハムの3分の1に抑えたと清武は書いている。この年からスカウトだけでなく二軍コーチや理学療法士まですべてのスタッフにメールによるレポートが義務付けられたが、「スカウト部や国際部、コンディショニング室には、2006年からメールによる報告を毎日、義務付けてきたので、混乱なく移行できた」と書かれている。前に紹介した阪神のレポート拒絶がいかに時代遅れだったかわかる。

●選手の希望より自軍の補強を優先する攻めの姿勢こそ日本ハム流

日本ハムの選手を評価するシステムがいかに先進的かわかった。では、実際のドラフトでどんな選手を上位（1、2位）で獲得してきたのだろう。結果論から言えば逆指名ドラフトがスタートした1993年から02年の10年間と、それ以降の10年間とではまったく選手の〝内容〟が違う。93〜02年の10年間は上位候補の中から漠然と指名しているように見え、03年以降の10年間は最も素質に富んだ選手を狙いすまして指名しているように見える。

別表に明らかなように、03年以降の1位（1巡）が活躍しているのに対し、それ以前はほとんど活躍していない。さらに02年以前の10年間は拒否選手が一人もいないのに対し、03年以降は入団を拒否する選手が多い。06年・長野久義（外野手・ホンダ）、11年・菅野智之（投手・東海大）、16年・山口裕次郎（投手・履正社）……。これをどう読み取ったらいいのだろう。長野と菅野は巨人志向が強く、山口は4位以下なら社会人と決めていたため6位指名を蹴られている。

指名選手に入団を拒否されるのはつらいが、力のある選手に向かっていくのは至極当然

日本ハムのドラフト1位指名

◇93～02年の1位指名◇	◇03～12年の1位指名◇
＊印は2位以下で戦力になった選手	05～07年の高は高校生ドラフト1巡、 大社は大学生＆社会人ドラフト1巡
93年　関根　裕之（投手・東北福祉大）	03年　糸井　嘉男（投手・近畿大）
＊井出　竜也（外野手・日本通運）	＊押本　健彦（投手・日産自動車）
＊金子　誠（内野手・常総学院）	04年　ダルビッシュ有（投手・東北）
94年　金村　秀雄（投手・仙台育英）	＊マイケル中村（投手・前ブルージェイズ）
95年　中村　豊（外野手・明治大）	05年高　陽　仲壽（内野手・福岡第一）
96年　矢野　諭（投手・帝京五）	大社　八木　智哉（投手・創価大）
＊小笠原道大（外野手・NTT関東）	06年高　吉川　光夫（投手・広陵）
＊高橋　信二（捕手・津山工）	大社　宮本　賢（投手・早稲田大）
97年　清水　章夫（投手・近畿大）	07年高　中田　翔（外野手・大阪桐蔭）
98年　實松　一成（捕手・佐賀学園）	大社　多田野数人（投手・3Aサクラメント）
＊森本　稀哲（内野手・帝京）	＊宮西　尚生（投手・関西学院大）
99年　正田　樹（投手・桐生一）	08年　大野　奨太（捕手・東洋大）
＊田中　賢介（内野手・東福岡）	＊中島　卓也（内野手・福岡工）
00年　井場　友和（投手・富士重工業）	＊谷元　圭介（投手・バイタルネット）
＊木元　邦之（内野手・龍谷大）	09年　中村　勝（投手・春日部共栄）
01年　江尻慎太郎（投手・早稲田大）	＊増井　浩俊（投手・東芝）
02年　尾崎　匡哉（内野手・報徳学園）	10年　斎藤　佑樹（投手・早稲田大）
＊武田　久（投手・日本通運）	＊西川　遥輝（外野手・智辯和歌山）
＊小谷野栄一（内野手・創価大）	11年　菅野　智之（投手・東海大／拒否）
＊鶴岡　慎也（捕手・三菱重工横浜ク）	＊近藤　健介（捕手・横浜）
	12年　大谷　翔平（投打・花巻東）
	＊鍵谷　陽平（投手・中央大）

のことである。巨人に行きたいから他球団の方は遠慮してくださいと言われ、わかりましたと引き下がっていたら強い球団はずっと強く、遠慮した球団はいつまでも強くならない。吉村が入団した05年以降、日本ハムはそういう正論を押し立てて実力者に立ち向かっていった。

日本ハムを強豪に生まれ変わらせたもう一人のキーマンが山田正雄・前GMだ。あるウェブサイトの取材で知り合いになったのだが、大学日本代表選考合宿を見るため平塚球場(現バッティングパレス相石スタジアムひらつか)を訪れたときのこと。往きの湘南新宿ラインの車中で眠りから覚めると、向かいの座席に山田が座っていた。

平塚駅で降りて、「球場へはどうやって行くの」と聞かれたので、「バスです」と答えると、「私は歩いて行くんです」と言う。聞けばファームの試合が行われる鎌ヶ谷スタジアムにも駅から歩いて行くという。平塚もそうだが、徒歩で優に30分近くはかかる。理由を聞くと「つるみたくないから」の一言。

最寄り駅からタクシーを飛ばして球場やグラウンドへ行き、帰りはタクシーを呼んで駅まで帰るというのがスカウトの当たり前の姿である。しかし、山田はできるだけ一人で動いて一人で選手を見たいという。西武、ソフトバンクを強豪に生まれ変わらせた根本陸夫は、部下に他球団のスカウトと一緒に観戦するなと言い、広島の名スカウトとして名を馳せた木庭教も隠密行動を得意とした。そういうことは知識としては知っていたが、現実に実践しているスカウトを見たのは初めてである。

「小関さんのことはよく見ているんですよ」と言われた。こちらは恐縮して「はあー」と間抜けな返事をするが、「つるんでいませんね」と言われたときは嬉しいような怖いような気持ちになった。

吉村とは正反対の個性で、吉村が「理」で動くタイプなら、山田は「情」で動くタイプだ。そういう異なる個性の持ち主が二代にわたってGMという要職に就くのである。人事においても冒険心を忘れない球団である。

●山田正雄・前GMが見た高校時代のダルビッシュ有

山田の取材で最も聞きたかったのは東北高校時代のダルビッシュの評価である。04年のドラフト前、吉村から「ダルビッシュをどう思いますか」と聞かれたので、「百かゼロかというタイプでその中間には絶対にこない選手」と断った上で、「私の中ではゼロのほうに針が振れている」と答えた。

すぐふてくされる、練習をしないという情報が耳に入り、敗れた明治神宮大会の済美高戦では球審のジャッジに露骨に反発する姿も目にしていた。身体能力が高くてもこれほど精神的に脆い選手ではプロは無理ではないかと思ったのだが、吉村は「うちのスカウトは行くつもりですよ」と言う。

当時の思いを山田に聞くと、「僕が心配したのも今小関さんが言った、まさしくそれなんですね。ダルの性格を見抜くために台湾まで追いかけたんです（04年9月に台北で行われたAAA世界選手権）。それがいいところで、あいつのある面を見られたものですから、それで勝負したんですよ」と言う。

台湾戦でもキューバ戦でもダルビッシュは打たれた。精神的に脆い姿を何度も見てきた山田は降板したダルビッシュがベンチ裏へ行ったまま出てこないと思ったが、ダルビッシュはベンチから出てきて味方を一生懸命応援するのである。その姿が山田の背中を押した。プロ入りしてからの歩みはあえて言うまでもない。

日本ハムのドラフトがはっきり変わったのは札幌にフランチャイズを移転した04年からで、ダルビッシュはまさにこの年の1巡指名だった。このあたりのことを山田は次のように話す。

「球団が札幌に移転して、それまでの東京ドーム時代からスタッフが全員変わりました。北海道へ行ってチームを新しく作るという感じだったんですね。そこで球団が明確に打ち出したのが、『スカウティング』と『育成』でした」

ほとんどの人間はプロ野球選手を辞めてスカウトになるが。中には野球を見るのが好きじゃない、野球はやるものだと思っている人間がいる。引退後に「コーチはどうか、スコアラーはどうか、あっ、スカウトが空いているからスカウトをやらせよう」という流れでスカウトになることが多かったというが、山田は見る目のあるなしより、選手を見るというその行為に生きがいを感じる人間でなければいけないと思っていた。

球団が本拠地を札幌に移したのをきっかけに、スカウティングに情熱のある人だけで編成部を構成するようになった。「最近はそれがエスカレートして学校の先生ばかり選んでいる」と笑うが、野球を好きな人を集めていったら自然とそういう人が集まってきたと屈託がない。

高校生をとくに重視していることはないと言う。「スカウティングと育成ということを考えたら高校生のほうがいいというのはあったのかもしれませんが、初めのうちは逆指名がありましたから。私たちは逆指名に参入できないというか、逆指名から外れた選手を獲っていくというようなところから始まっていったものですから。それで当時は、高校生は逆指名ができなかったでしょう。残った高校生を狙っていくということはあったかもしれないですね」と本音の部分を話してくれた。

●大谷翔平を入団に導いた『夢への道しるべ』という冊子

大谷翔平という選手は82年間のプロ野球の歴史の中でもスペシャルな存在である。ピッチャーで最速165キロのストレートを投げ、打っては2016年にシーズン22本のホームランをかっ飛ばした。こんな選手は今まで見たことも聞いたこともない。

「スペシャルな存在」とは古今東西を通じて、人ができないことをやる選手のことを言う。通算868本のホームランを打った王貞治（巨人）、400勝投手の金田正一（国鉄→巨人）、通算盗塁で2位に469個の差をつけた福本豊（阪急）、そして、日米で4300本以上のヒットを量産し続けているイチロー（マーリンズ）――以上が私の考えるスペシャルな選手で、ここに大谷も入ってくる

14年オフに山田GM（当時）を取材したとき、大谷がバッティングを含む野手の練習をほとんどしていないと言われ、非常に驚いた。この14年はプロ入り2年目で、打撃成績は58安打、10本塁打、打率・274という見事なもので、これほどの成績を挙げていながら練習をしていないとは信じられなかった（投手成績は11勝4敗、防御率2・61）。

2012年のドラフトでこの大谷を1位入札したのは日本ハムだけである。どうしてこれほどの逸材を他球団が指名しなかったのか、それは大谷が本気でメジャー挑戦を表明していたからだ。抽選で勝って交渉権を得てもメジャーでやりたい気持ちを翻意させることは難しいと、誰もが信じて疑わなかった。案の定、単独指名した日本ハムの交渉も難航した。メジャー3球団との面談をすでに終えている大谷の心はこのとき日本になかったのである。

大谷のメジャー志向を翻意させるきっかけになったのが、『大谷翔平君　夢への道しるべ～日本スポーツにおける若年期海外進出の考察～』という25ページ以上にもなる冊子で、NPB（日本野球機構）の実績がない選手とある選手、合計47人を色分けして表示、MLB（メジャーリーグ・ベースボール機構）で何年働いたかなど、成功・不成功が簡単にわかるようになっている。

これを作成したのは日本ハムの大渕隆（アマスカウトディレクター）という人で、経歴がプロ野球の人らしくない。早稲田大（野球部ＯＢ）卒業後、社会人野球の日本アイ・ビー・エムの野球部に所属し、新潟県立西川竹園高校教諭を経て２００６年に日本ハムスカウトとして契約。前述で山田正雄が「最近は学校の先生ばかり選んでいる」と笑ったのは、この人のことも指している。

最近のプロ野球界は引退したあとの再就職、「セカンドキャリア」をどうするかが重要なテーマになっているが、大渕は安定した公立高校の教諭をなげうって球界に入ってきたので、「逆セカンドキャリア」と言っていい。球界一筋の人間とは話したときの肌触りが異なり、一種〝文科系〟の匂いがする。それは吉村浩ＧＭ、遠藤良平ＧＭ補佐、岩本賢一チーム統括本部長にも共通する匂いで、価値観の基準が「球界水準」になっていないという共通点がある。

球界を代表する陽岱鋼に、限られた予算や若手を積極的に起用する方針を話し、なおかつ「自分が戦力構想に入ってないと感じた」と言わせ、交渉の最後には「卒業おめでとう」と言う。球界に長く腰を落ち着けた人間なら吉村を「ＫＹ（空気を読めない）」と言うかもしれない。しかし、球界の外で生きてきた人間なら「情にとらわれるより、年俸の総枠を維持することや3年先を展望することのほうが重要」と言うかもしれない。そういう価値観を共有する人間が日本ハムには多い。そして、ストイックでいながら楽しそうに野球に取り組む大谷を見ると、こういう日本ハムの文科系の匂いが肌に合っているような気がする。

●目の前で見た、打者・大谷翔平の計り知れない破壊力

吉村に「大谷のフリーバッティングは凄いですよ。飛距離が他の選手と違うんです。一度見てください」と言われ、2016年11月9日、「公式練習」と銘打たれたオランダ代表対関東社会人選抜という試合を東京ドームに見に行った。翌日から始まる侍ジャパンとの強化試合を前にした腕慣らしという試合で、このあとに日本代表の練習が東京ドームで行われることになっていた。

午後3時半からスタートした日本代表の練習で目を凝らしたのがフリーバッティングだ。大谷は16スイング中、柵越えは5本。中田翔（日本ハム）12本、鈴木誠也（広島）8本、坂本勇人（巨人）6本にくらべると少ないが、スイング数が半分以下だったためで、単純

に比較できない。それより驚いたのはティーバッティングだ。

補助する人間が至近距離で下から投げる球をバックネットに向かって打つ練習で、そのボールを捉えたときの音が明らかに他の選手と違っていた。あの筒香嘉智（DeNA）よりも中田よりも強烈に「バギッ！」という殺人的な音を響かせていたのだ。ああ、吉村が言っていたのはこのことかと思った。この練習の迫力は試合でも変わらなかった。

強化試合の対メキシコ第1戦は代打で空振りの三振だったが、翌日の第2戦では3番指名打者としてスターティングメンバーで出場、1回表に115キロの緩い変化球をレフト線に二塁打を放ち、次打者の中田の二塁打で生還。翌日の対オランダ第1戦では6番指名代打としてスタメン出場し、5回裏に先発のジャージェンスからセンター右に特大のホームランを放っている。

打ったのは低めの外に小さく逃げていくストレート系のボールで、ピッチャーはMLBで実働8年プレーし、通算53勝38敗、防御率3・72という成績を残している実力派。翌日の日刊スポーツには「大谷のことはみんな知ってる。明らかにいいバッター。疲れもあったけど、失投でなくても打たれたかもしれない」というジャージェンスのコメントが載っていた。

そして対オランダ第2戦では代打で打席に立った7回表、2ボールからの3球目、ボール球くさい高めストレートを振り抜いて東京ドームの天井の隙間に飛び込む二塁打を放った。球場にいた観客だけでなく、その瞬間をテレビで見ていた視聴者、さらに繰り返し放送されるニュース番組を見た野球ファンが大谷をスーパースターと認知したのはこの瞬間だろう。推定飛距離は約160メートルと発表された。

野手・大谷のもの凄さを違った角度からも紹介したい。私は球場ではストップウォッチ持参で観戦するのを常としている。2002年にアメリカに渡り、3週間以上アメリカの高校野球、大学野球、マイナーリーグ、メジャーリーグを観戦したのだが、高校野球が行われているバックネット裏では数人の人間が右手にスピードガン、左手にストップウォッチを持って試合を観戦しているのが気になった。

帰国後吉村に、スピードガンはわかるがストップウォッチで何を計っているのか聞くと、主に打者走者の一塁までの到達タイムだと教えてくれた。MLBのスカウトが俊足と判断するタイムは左打者4・2秒未満、右打者4・3秒未満だという。それをもとにして独自に二塁到達は8・3秒未満、三塁到達は11秒未満とアレンジして今に至るのだが、大谷の脚力はそれらのタイムをクリアしていた。

対メキシコ第2戦の5回表、一塁内野安打のときの一塁到達が4・10秒、対オランダ第1戦の5回裏、二塁ゴロのときの一塁到達が4・08秒、そしてタイブレークが採用された延長10回裏、一塁ゴロのときの一塁到達がアッと驚く3・87秒だった。ここに紹介したタイムは打った瞬間に走り出すチャンスメーカータイプの左打者なら可能なタイムだ。この試合では右打者の菊池涼介（広島）が第一打席でバント安打を決め、このときの一塁到達タイムが3・80秒だった。バントなら右打者でもこれくらいのタイムで走る。しかし、大谷は左打者でも全打席フルスイングの強打者である。振り切った体勢から気持ちを切り替えて走り出し、俊足の目安になる4・3秒をクリアするのである。現代野球が求めるプレースタイルをこれほど具現化している選手は少ないと思う。

この大谷をよく12年のドラフトで指名したなと感心する。前にも書いたが、その前年には巨人志向の強い菅野智之を1位指名して抽選で交渉権を得るが、菅野は巨人志望の態度を最後まで崩さなかった。

吉村のドラフトにおける姿勢とは、投手・野手に関係なくその年最も実力のある選手に向かっていく、というもの。04年以降の1位入札の顔ぶれを見ると、その言葉が納得できる（以下、丸印は入団にこぎ着けた選手）。

○ダルビッシュ有（単独指名）、○陽仲壽（ソフトバンクと重複→抽選勝ち）、田中将大（横浜、楽天、オリックスと重複→抽選負け）→○中田翔（オリックス、阪神、ソフトバンクと重複→抽選勝ち）、大場翔太（ソフトバンク、巨人、阪神、横浜、オリックスと重複→抽選負け）、菊池雄星（西武、阪神、ヤクルト、楽天、中日と重複→抽選負け）、○斎藤佑樹（ヤクルト、ロッテ、ソフトバンクと重複→抽選勝ち）、菅野智之（巨人と重複→抽選勝ち）、○大谷翔平（単独指名）、松井裕樹（楽天、中日、ソフトバンク、DeNAと重複→抽選負け）、○有原航平（DeNA、広島、阪神と重複→抽選勝ち）、高橋純平（中日、ソフトバンクと重複→抽選負け）、田中正義（ロッテ、ソフトバンク、巨人、広島と重複→抽選負け）

毎年のように「その年のナンバーワン選手」に向かっていることが理解できる顔ぶれだ。菅野の入団交渉が難航した2012年の正月元旦、吉村からきた年賀状には「真直ぐ歩くことは難しいですね」という文章があった。それでもクビを覚悟して入団が難しいと予想された大谷を翌年に1位入札しているのである。匂いは文科系でも思考と行動は骨太である。

●高校生路線から過去2年間は大学生＆社会人路線

山田前GMが「（私たちは）逆指名から外れた選手を獲っていくというようなところから始まっていったものですから。（中略）残った高校生を狙っていくということはあったかもしれないですね」と語ってくれた言葉は非常に重要である。山田からGM職を受けついだ吉村は、この高校生路線を山田以上に強く意図して導いたと思う。2015年の開幕ゲーム、楽天戦のスターティングメンバーは別表のようなものだった。

9人のスターティングメンバー中に高校卒以外は外国人の2人がいるだけで、大学卒、社会人出身は一人もいない。4月7日の西武戦は西川、田中、中田、谷口、中島は変らず、陽、近藤の代わりに指名代打に大谷翔平（花巻東高・21歳）と捕手に石川亮（帝京高・20歳）が入り、谷口は中堅に回っている。さらに5月16日のオリックス

2015年開幕ゲームのスタメン

（左）	西川遥輝（智辯和歌山・23歳）
（二）	田中賢介（東福岡・34歳）
（中）	陽　岱鋼（福岡第一・28歳）
（一）	中田　翔（大阪桐蔭・26歳）
（右）	ハーミッダ
（三）	レアード
（捕）	近藤健介（横浜・22歳）
（指）	谷口雄也（愛工大名電・23歳）
（遊）	中島卓也（福岡工・24歳）

戦では、西川、中島、近藤、中田、ハーミッダ、谷口、レアード、淺間大基（中堅手・横浜高・19歳）、杉谷拳士（二塁手・帝京高・24歳）というスタメンが組まれている。どこまで行っても高校卒の名前が出てくる日本ハム打線は「金太郎飴」のようである。

高校卒に勢いがあるのは日本ハムに限ったことではない。とくに野手では高校卒の優位は日本球界全体に及んでいる。メキシコ、オランダを招待して行われた侍ジャパンの強化試合では3～6番に山田哲人（履正社高・24歳）、中田翔（大阪桐蔭高）、筒香嘉智（横浜高）、鈴木誠也（二松學舎大付高・22歳）という高校卒が並んでいた。また、日本球界からメジャーに旅立っている先発型のピッチャーは岩隈久志（堀越高）、ダルビッシュ有（東北高）、田中将大（駒大苫小牧高）、前田健太（ＰＬ学園高）とやはり高校卒が多い。

大学卒、社会人出身が真価を発揮しているのは、野手では1、2番のチャンスメーカーや捕手、投手はセットアッパーやストッパーのリリーフ、つまり脇役全般ということになる。この辺のことを2015年に上梓した『間違いだらけのセ・リーグ野球』（廣済堂新書）に次のように書いた。

「大学卒にも柳田悠岐（ソフトバンク）のような怪物はいるが、勝利を優先順位のトップに置いたチームプレーこそ大学野球の真骨頂で、高校卒にくらべて監督に忠実なチームリーダー的な精神構造が形成されやすい。社会人出身者はさらに率先してチームプレーを実践するタイプが多い。つまり、奔放な高校卒とチームリーダー的な大卒・社会人出の選手とのバランスでチームの性質が変わると言っていい」

ここから得られる結論は、高校卒は「3～5番のクリーンアップ、投手は先発のエース格」、大学卒・社会人出身は「捕手と二遊間と中堅手のセンターライン、投手はリリーフタイプ」が適しているということ。日本ハムの野手は高校卒が確かに多いが、捕手は大卒・社会人出身の大野奨太（東洋大）、市川友也（東海大―鷺宮製作所）、中堅手は岡大海（明治大）という、チームプレーに忠実なタイプが揃いつつある。

投手は先発の超一流こそ高校卒の独壇場だが、圧倒的に多数派を形成しているのは大学卒・社会人出身である。04年以降の指名で戦力になっているのは高校生がダルビッシュ有、吉川光夫、上沢直之、大谷翔平の4人に対して、大学生・社会人は八木智哉、武田勝、宮西尚生、谷元圭介、増井浩俊、鍵谷陽平、高梨裕稔、有原航平、加藤貴之の9人。高校卒野手の占める割合が高いので一見アンバランスのように見えるが、しっかりとデータに裏付けられている陣容であることがわかる。15年のドラフトは1位高橋純平（県岐阜商）、外れ1位小笠原慎之介（東海大相模高）の抽選で敗れたこともあるが、外れ外れ1位で上原健太（投手・明治大）、2位以下でも社会人と大学生の加藤貴之（投手・新日鐵住金かずさマジック）、井口和朋（投手・東農大北海道オホーツク）を並べ、16年も1位入札が田中正義（投手・創価大）、外れ1位入札が佐々木千隼（投手・桜美林大）と大学生狙いだった。

成功法則に縛られず、それとは反対の方向性にも可能性を見ようとする。冒険心に溢れた日本ハムのチーム作りは、他球団にも真似ができそうだが、高校生路線というのが成果主義にとらわれ、結果をすぐ求めようとする多くの球団には取り入れがたいもので、日本ハムもこの2年間は一転して即戦力志向に舵を切っているのでわかりづらい。吉村GMが単純に異なった方向性を模索しているのだと思うが、理屈が立たないと指名の意図が理解できないような頭の固い球団では、日本ハムのチーム作りは真似のしようがない。遊び心の横溢した面白いチームに仕上がったと感心するしかない。

第2章

暗黒時代を脱した広島東洋カープの未来予想図

●21年前に知った選手獲得のための〝年表〟

東京六大学リーグと東都大学リーグの名鑑号として春、秋リーグ戦の前に発売されるのが『神宮球場ガイドブック』（発行＝明治神宮野球場、製作＝ベースボール・マガジン社）という冊子で、情報以外でもたとえば今私が手にしている1995年秋号には「青田昇の『野球放談』②」という連載がある。

読み物として面白く、資料としても貴重なこの冊子の中に「じっくり育てて戦力強化。広島のチーム作りの核心に触れる」というインタビュー構成の読み物があり、話しているのは当時の広島東洋カープ、上土井勝利・球団部長。興味深いのは「チーム作りの基本というのは、どういうところにあるんでしょう」と聞かれたときの言葉だ。

「投手なら、右投げ、左投げの比率とか各ポジションの投打、年齢のバランスを考えています。チームの平均年齢は25・2歳です。正確なデータをもとにトレードでもドラフトの新人獲得でも、その時々の自分のチームの不足するところの補強を考えています。いま自分の球団にAという選手がいて、スカウトが『どうしてもBを取りたい』といった場合、『このBという素材は、将来Aを越えるような素材であるか、何年先に越えることができるか、Aがいるために埋もれてしまわないかをしっかり見極めなさい。それで、Aより上だと判断したら取りなさい』と言いますね」

それから4年後の1999年、雑誌の取材で渡辺秀武・広島スカウトに話を伺う機会があり、上土井が『神宮球場ガイドブック』に書いたことは本当なのか聞くと、話すよりも早く一枚の紙を取り出して見せてくれた。そこには各ポジション（投手なら右投げ、左投げも分けている）が横軸、年齢が縦軸に示され、そこに当てはまる選手の名前が明記されていた。名前のないゾーンは当然、補強に必要なポジションだとわかる。

「退団は8月頃に決まるんです。僕らにはそれがわかるんで、ここが消えるからここを補強していこうという感じで。でも、来年すぐ使えるような子はうちでは取らないんで、5年後、10年後にそうなるかっていうのを考えながら指名する選手を決めていくんです」（『野球小僧』第2号　白夜書房）

この当時の広島がどういう状況だったのかというと、8年前の1991年以来リーグ優勝から遠ざかり、過去3年の成績は3位、3位、5位と推移し、この99年は5位に終わっている。それでも初優勝した1975年から91年までの17年間は優勝6回（日本シリーズ制覇3回）を数え、81、83、86、89、90年には巨人と優勝争いを演じている。99年当時の2年連続Bクラスは一過性のもので、まさか前年の1998年から2012年まで15年間続けてBクラスに沈むとは、野球ファンは考えなかったのである。

●躍進の原動力になった社会人の一本釣り

広島を強豪の座に押し上げた功労者の一人が木庭教スカウトだ。1957年から86年まで広島のスカウトを務め、87年からは古葉竹識《たけし》の大洋監督就任に付き合う形で移籍し、3年間スカウト部長として野村弘（投手・PL学園）、谷繁元信（捕手・江の川高）、佐々木主浩（投手・東北福祉大）、鈴木尚典（外野手・横浜高）などの獲得に尽力し、3年間大洋に在籍したあとは91年にオリックス、95年には日本ハムへ移籍、98年限りでスカウト生活にピリオドを打っている。

広島スカウト時代に話を戻すと、72年から85年までの13年間、社会人の上位指名が多かった（以下の通算記録は他球団のものも含む）。

72年1位・池谷《いけがや》公二郎（投手・日本楽器）…103勝84敗
75年2位・山根和夫（投手・日本鋼管福山）78勝64敗
78年1位・木田　勇（投手・日本鋼管）……入団拒否、のちに日本ハム入り
80年1位・川口和久（投手・デュプロ）……139勝135敗
81年1位・津田恒美（投手・協和発酵）……49勝41敗90セーブ、野球殿堂入り
83年1位・川端　順（投手・東芝）…………46勝26敗19セーブ
84年2位・正田耕三（内野手・新日鐵広畑）打率・287、安打1546
85年1位・長冨浩志（投手・NTT関東）…77勝77敗

76年のドラフト外・大野豊も出雲信用組合出身（軟式野球）なので、ここに入れてもいいかもしれない。実働22年で、通算成績は148勝100敗138セーブでわかるように、先発とリリーフで活躍し、防御率は現代野球では至難の業と言われる3点未満の2・90

1991年広島の陣容（出身横の順位はドラフト）

◇スターティングメンバー◇			◇主な投手スタッフ◇	
（二）	正田　耕三	新日鐵広畑2位	佐々岡真司	NTT中国1位
（中）	前田　智徳	熊本工高4位	川口　和久	デュプロ1位
（遊）	野村謙二郎	駒沢大1位	北別府　学	都城農高1位
（左）	西田　真二	法政大1位	大野　　豊	出雲信用組合（ドラフト外・軟式）
（右）	山崎　隆造	崇徳高1位	石貫　宏臣	西日本短大府高2位
（一）	小早川毅彦	法政大2位	川端　　順	東芝1位
（三）	江藤　　智	関東高5位	長冨　浩志	NTT関東1位
（捕）	達川　光男	東洋大4位	金石　昭人	PL学園（ドラフト外）
（投）	――――			

を記録、2013年にはプレーヤー部門表彰で野球殿堂入りを果たしている。入団テストに立ち会った木庭にとって最大の掘り出し物と言っていいだろう。

以上、13年間で7人の社会人（入団を拒否した木田を除く）と軟式出身の大野を獲得し、リーグ優勝した91年のスターティングメンバーと投手スタッフは上の表のような顔ぶれだった。

72〜89年は社会人に好選手が多く集まっていたが、広島が狙った選手は特別スカウトの注目を集めていたわけではない。72年1位の池谷は同じ日本楽器のエース、新美敏（日本ハム1位）の陰に隠れ、75年2位の山根和夫も日本鋼管福山では田村忠義（ヤクルト2位を拒否。前年も太平洋クラブ1位を拒否）の陰に隠れる存在だった。社会人は多く獲るが即戦力だから獲るという感覚ではなく、3、4年後の戦力と考え、さらに他球団が狙っていない隙間を突くという感覚で多く獲得していたのである。

80年1位の川口は鳥取城北高卒業時にロッテから6位指名されているので知名度はあったが、ドラフト解禁の80年はあまり投げていない。川口の素質に目をつけた木庭がドラフトで必ず獲ると約束した上で、この1年はヒジが痛い、肩が痛いと言ってゲームで投げるなと因果を含めたのである。しかし、チーム事情で投げなければならない試合が2つあり、そこで完封、完投してしまったため約束は半分しか守られなかったという。このあたりの事情は木庭を主人公にしたノンフィクション『スカウト』（後藤正治著　講談社）に詳しい。

それにしても、プロ入りを条件に会社への貢献を反故にさせるとは現在では考えられない。西武、ソフトバンクを強豪に生まれ変わらせた根本陸夫も30年前に同じようなことをしている。北九州市立大（当時北九州大）のエースだった森山良二を86年に1位指名するが、そのとき森山が在籍していたのは北九州大ではなく〇N〇フーズという無名の会社だった。

同大の徳永政夫監督は、事務から「今森山くんから退学届けが提出されましたがいいんですか」と連絡を受け、それを撤回させようとすぐに森山の姿を探したが見つからなかった。その素質を高く評価した西武の「森山囲い込み作戦」だと後で知るが、中田賢一（北九州市立大↓04年中日2巡指名、現ソフトバンク）を取材した04年でも、「西武のスカウトには学校の敷地に一歩も入らせません」と怒りは収まっていなかった。

木庭や根本の寝業師ぶりを見ると、ここまでやらないとプロ野球のチームは強くならないのかとため息が出るが、一人のスカウトの存在が突出するというのは好ましいことではない。スカウティングの手腕はコーチング同様にチームが共有し、後継者に引き継がれなければならないが、名人芸は往々にしてその一代で終わる。木庭がチームを去った5年後の92年以降広島は優勝から遠ざかり、98年から12年までBクラスの底で喘ぎ続けた。

●広島のお家芸「下位指名で一流選手をゲット」が暗黒時代を招く

広島の暗黒時代を招いたのは93年に導入された逆指名ドラフトとFAだと長く言われ続けた。それではどんな選手がFA制度やポスティングシステムを活用してチームを出て行ったのだろう。外国人の移籍も含めて、93年から「暗黒時代」と言われた12年までを振り返ってみよう（年は移籍年度）。

95年　川口和久（投手・広島通算14年……131勝122敗）↓巨人
98年　ロペス（一塁手・広島通算2年……打率・316、本塁打55）
　　　　↓ダイエー（00〜02年に広島復帰）
00年　江藤　智（三塁手・広島通算10年……打率・279、本塁打248）↓巨人
01年　ミンチー（投手・広島通算3年……29勝30敗）↓ロッテ
03年　金本知憲（外野手・広島通算11年……打率・287、本塁打244）↓阪神
05年　シーツ（遊撃手・広島通算2年……打率・298、本塁打48）↓阪神
08年　新井貴浩（一塁手・広島通算9年……打率・279、本塁打194）↓阪神
　　　黒田博樹（投手・広島通算11年……103勝89敗）↓ドジャース
　　　（新井、黒田ともに15年に広島復帰、黒田は16年限りで引退）
10年　ルイス（投手・広島通算2年……26勝17敗）↓レンジャース

日本人はＦＡ権を行使して移籍、外国人は好条件を提示されて他球団に移籍というパターンが多い。彼らの広島での成績を見れば、その流出が広島から体力を奪った一因であると考えていいだろう。タイトル経験者が川口、ロペス、江藤、新井、黒田の5人、広島

時代は無冠だった金本は阪神移籍後に打点王を獲得している。資金力が豊富でない広島に同情が集まり、巨人や阪神が悪者になったが、本当にそうだろうか。

広島のスカウティングの特徴は社会人の一本釣り以外では、「3位以下で大物獲得」がある。主な選手だけ以下に紹介しよう。

高橋慶彦（城西高→74年3位）、達川光男（東洋大→77年4位）、大野豊（出雲信用組合→76年ドラフト外）、緒方孝市（鳥栖高→86年3位）、江藤智（関東高→88年5位）、前田智徳（熊本工→89年4位）、金本知憲（東北福祉大→91年4位）、現役では新井貴浩（駒沢大→98年6位）、石原慶幸（東北福祉大→01年4巡）、丸佳浩（千葉経大付高→07年高校生ドラフト3巡）

私が考えるプロ野球選手の成功基準は次の通りだ。

◇投手＝50勝（1セーブは0・5勝）、300試合登板
◇打者＝500安打、1000試合出場

これをクリアしている下位指名選手は第1回ドラフトから数えて23人いて、緒方、江藤、前田、金本、新井は通算1500安打以上、そのうち前田、金本、新井は2000安打以上放って名球会入りしている。錚々たる顔ぶれだが、この下位指名選手の大化けがその後

の広島のスカウティングをおかしくしたのではないか。

当たり前だがドラフトの指名順位が高いほど成功する確率は高い。3位以下の成功選手は通算23人いるが1、2位はもっと多く29人いる。マスコミはドラマ性を好むので、親会社を持たない12球団唯一の市民球団という部分を必要以上に強調し、高い契約金をもらって入団する上位指名選手より無名から成り上がって年俸を積み上げていくタイプの選手を好ましい存在として紹介する。ファンがそういう部分に同調するのはいいが、スカウトがそれを真に受けたら正しい審美眼が働かなくなる。この〝ほめ殺し〟で、スカウトがスタンドプレーに走り出した、というのが私の考えだ。

●危険なワード「無名の大物」「ゼロか百か」

2011年、中国新聞は12月11日から翌12年2月25日にかけて、朝刊紙上で「カープV逸20年　私の提言」というコラムを連載した。第1回に登場したのは古葉竹識・元広島監督でテーマは「緻密さ鍵　もっと指摘を」、第2回は渡邉恒雄・元巨人オーナーで「地の利でスター発掘を」、そして第3回が私で、「裏かき低迷　実績重視を」である。

「広島のスカウトは昔から『凄腕』と、僕らの世界では評価されてきた。伝統的に他球団の裏をかき、選手に狙いを定める戦略だったから。例えば1970年代は佐伯和司、北別府学ら有望な高校生を中心に指名した。高校生人気が上がった80年代は社会人へ方向転換し、川口和久や川端順を獲得、それがことごとくうまくいった。当時はチームの成績が良かった。だからわれわれも『カープはドラフトがうまい』とはやし立て、その後の批判を忘れてしまったんです。（中略）『スタンドプレー』が目立つようになったのもそのころからでした。世間が『あっ』と驚くような注目度が低く、評価も定まらない選手を狙うようになった。（中略）93～06年の逆指名や自由枠などは資金力がない広島に大きな制約だったが、それは言い訳にならないですね。資金力が潤沢でないヤクルトや人気面で不利なパ・リーグのチームは、有望な高校生を獲得していた。私はドラフトでは1、2位選手の選択を重要視している。3位以下で入団した新井貴浩や栗原健太は主軸として活躍しているが、永続的なチーム作りには、上位指名が大切になる」

ここまでを前提として、どういう指名をしたらいいのか提言をした。

「多くの球団は『ロマンチスト』で、粗削りな選手は育成すればいいと考えている。でも経験上、未完成な選手は最後まで未完成なままが多い。本当に指名すべきなのはフォームに癖がなく、まとまっている選手。徐々に体が大きくなり、そのまま完成度が高くなる。前田健太がそうだった」（中国新聞12月25日付）

ここに書いた負の部分が93年の逆指名導入以降、目につくようになった。例えば1、2位がまったく機能しなかった年が4回ある。

93年……1位山根雅仁（投手・岡山南高）、2位上田好剛（投手・中山製鋼）

97年……1位遠藤竜志（投手・NTT関東）、2位兵動秀治（内野手・佐賀商）

03年……1位白濱裕太（捕手・広陵高）、2位比嘉寿光（内野手・早稲田大）

04年……1位佐藤剛士（投手・秋田商）、2位森跳二（投手・関西外語大）

さらに、上位指名のうちどちらかの選手がまったく活躍しなかったのは、95年2位・吉年滝徳（投手・関西高）、98年2位・井生《いおう》崇光（内野手・東筑高）、00年1位・横松寿一（投手・戸畑高）、01年3巡・大島崇行（投手・山梨学院大付高）、02年2巡・吉田圭（投手・帝京高）、05年高校生ドラフト1巡鈴木将光（外野手・遊学館高）と6人を数える。93～

05年までの13年間（26人）のうちまったく戦力にならなかったのが半分以上の14人いたということになる。ドラフトでチーム作りをしなければならない広島にとって、この上位指名の〝不発〟は致命的だった。

この不発の原因は何度も言うように広島スカウト陣の〝スタンドプレー〟だったと思う。マスコミやファンの「広島の指名はうまい」「育成力はナンバーワン」という言葉に酔って、他球団が高く評価しない〝無名の大物〟や〝化ければ凄い〟未完の大器を指名しすぎた。

その背景には豊富な資金を投下しなければ実力派の大学生や社会人を獲れない「逆指名」制度があったわけだが、同じような制約がありながらヤクルトは93～05年の間、上位指名2人がまったく戦力にならなかった年はほとんどない。それ以上にパ・リーグ各球団は〝不人気〟というハンディを負いながら有力高校生を確実に指名、獲得し続け、過去14年の日本シリーズでは11勝3敗と圧倒している。大事なのは戦略なのだとわかる。

●選手が流出して順位が下がるのは弱い球団の証

主力選手を資金力のある球団に強奪され続けたヤクルトやパ・リーグ各球団が広島のよ

主力中の主力が移籍した翌年の成績

落合博満	（94年中日→巨人）中日２位→２位、巨人３位→☆優勝
川口和久	（95年広島→巨人）広島３位→２位、巨人☆優勝→３位
広沢克己	（95年ヤクルト→巨人）ヤクルト４位→☆優勝、巨人☆優勝→３位
清原和博	（97年西武→巨人）西武３位→１位、巨人４位→１位
江藤　智	（00年広島→巨人）広島５位→５位、巨人２位→☆優勝
谷繁元信	（02年横浜→中日）横浜３位→６位、中日５位→３位
金本知憲	（03年広島→阪神）広島５位→５位、阪神４位→優勝
小笠原道大	（07年日本ハム→巨人）日本ハム☆優勝→優勝、巨人４位→優勝
新井貴浩	（08年広島→阪神）広島５位→４位、阪神３位→２位）
和田一浩	（08年西武→中日）西武５位→☆優勝、中日☆２位→３位
石井一久	（08年ヤクルト→西武）ヤクルト６位→５位、西武５位→☆優勝
内川聖一	（11年横浜→ソフトバンク）横浜６位→６位、ソフトバンク優勝→☆優勝
小林宏之	（11年ロッテ→阪神）ロッテ☆３位→６位、阪神２位→４位
村田修一	（12年横浜→巨人）横浜６位→６位、巨人３位→☆優勝
杉内俊哉	（12年ソフトバンク→巨人）ソフトバンク☆優勝→３位、巨人３位→☆優勝
涌井秀章	（14年西武→ロッテ）西武２位→５位、ロッテ３位→４位
中田賢一	（14年中日→ソフトバンク）中日４位→４位、ソフトバンク４位→☆優勝
今江敏晃	（16年ロッテ→楽天）ロッテ３位→３位、楽天６位→５位

☆印は日本一

うに激しく凋落していないのはなぜだろう。まず、別表を見ていただきたい。主力中の主力がＦＡ制度のために流出したその翌年、どういう成績だったのだろうか。

広島は川口和久、江藤智、金本知憲、新井貴浩の５人がＦＡ権を行使して国内移籍している。川口が巨人にＦＡ移籍した年、広島は前年の3位から2位に成績を上げているが、川口の広島最後の3年間は23勝33敗と負け越している。川口の実力が下降期に入っていたため、実際の痛手は少なかったのである。しかし、江藤、金本、新井の3人は流出した時期が彼らの全盛期だった（年度は広島に在籍した最終年）。

99年　江藤　智……打率・291、本塁打27、打点79
02年　金本知憲……打率・274、本塁打29、打点84
07年　新井貴浩……打率・290、本塁打28、打点102

全盛期の中軸がいなくなり、彼らをカバーする若手の成長もなく、穴は穴のまま無残に取り残されてしまった。

他球団はどうだろう。全球団を対象にした別表を見てわかるように、主力中の主力が流出してチームの順位を落としたのは4例だけで、横這いは7例、成績上昇は7例もあった。広沢克己（ヤクルト→巨人）、清原和博（西武→巨人）、小笠原道大（日本ハム→巨人）、和田一浩（西武→中日）などは流出した年に前チームが優勝し、獲得した巨人、巨人、中日の3球団は成績を落としている（小笠原を獲得した巨人は4位から優勝している）。酷なことを言えば、FA選手の流出で成績を落とすのはFAが原因ではなく、その選手の流出が予想できたにもかかわらず、流出後の準備ができなかった編成の職務怠慢にあると言っていい。なお、主力の流出後、チーム成績がBクラスだったのは次の10例である。

00年広島（江藤）、02年横浜（谷繁）、03年広島（金本）、08年広島（新井）、08年ヤクルト（石井）、11年横浜（内川）、11年ロッテ（小林）、12年横浜（村田）、14年西武（涌井）、14年中日（中田）

広島3例、横浜3例、ヤクルト、ロッテ、西武、中日各1例という内訳を見れば、広島と横浜（現DeNA）が半分以上占めていのがわかる。エースはポスティングシステムを活用してメジャー挑戦、中軸打者はFA権を行使して国内球団へ移籍——このことを頭に入れながら補強戦略を練るチームの上にしか栄冠はやってこない。広島は長らく、それを怠ってきた。

●2005年から3年続いた分離ドラフトが復活の狼煙

2005年以降、広島のドラフトは安定している。特筆されるのは05~07年まで続いた分離ドラフトで指名した選手の顔ぶれのよさだ。

06年は高校生ドラフト1巡で前田健太（投手・PL学園）、3巡で會澤翼（捕手・水戸短大付高）、07年は高校生ドラフト1巡で安部友裕（内野手・福岡工大城東高）、3巡で丸佳浩（外野手・千葉経済大付高）、さらに大学生&社会人ドラフト3巡で小窪哲也（内野手・青山学院大）、4巡で松山竜平（外野手・九州国際大）と、毎年複数の成功選手を輩出している。

統一ドラフトになった08年以降を見ると即戦力志向が強くなっている。長期間成績が低迷すれば目標は黄金時代を作ることよりも「とりあえず1回Aクラスに入り、不名誉な10数年続いたBクラスを止めよう」と思う。つまり、結果が出るまで時間のかかる高校生より、来年結果を出す可能性のある大学生、社会人を指名しようと思うはずだ。

分離ドラフトが導入された05年当時、広島は危険な水際に立っていた。08年以降の即戦力志向を見れば、05年にそうなっていてもおかしくはない。そういうときに分離ドラフトが導入され、その3年間で前田、丸という投打の将来の柱を獲得することができたのである。逆風のはずだった制度がこの3年に限っては順風だった。ここから広島復活の道が開けたと思っている。

前田で最も驚かされたのはPL学園3年時に取材してストップウォッチの話になったときだ。1・2秒台後半のクイックを「もっと速くできるよね」と話を振ると、「ピッチャー（クイック）とキャッチャー（二塁送球）の時計を合わせて何秒かかれば盗塁を殺せるというのがあって」と話し始めたのである（『アマチュア野球』第6号　日刊スポーツ出版社）。02年夏、私は3週間以上かけてアメリカの高校野球、大学野球、マイナー・メジャーリーグを観戦して以来、ストップウォッチ持参で野球を見ている。そして自著『野球力』（講談社＋α新書）にこんなことを書いた。

「標準的なクイックスピード1・20秒と、標準的な捕手の二塁送球スピード2・00秒を足すと3・20秒。その時間で二塁盗塁できるのが赤星憲広（阪神）である」

これは今でも先進的な考え方だが、当時はまったく一般的ではなかった。そういうときに高校3年の前田が、「高校生は大体3・4秒くらいだったら殺せる、ということを監督（藤原弘介氏＝現佐久長聖高校監督）から言われています。いくらキャッチャーが二塁送球で頑張っても、ピッチャーが協力しないとダメなんですね」と言ったのである。それまで多くのアマチュアの選手を取材してきたが、これほど野球脳の高さを思い知らされた選手はいない。ちなみに、カーブを投げるときのコツを、「小指から始動して最後に親指でスピンをかける」と言った。親指でスピンをかけることさえ「難しい」とプロが言う球種を、当たり前のように「最初の動きは小指から」というのである。

この前田が広島で9年プレーしたあと2016年から活躍の場をメジャーに移し、その抜けた穴を準備し切れない広島はドラフトで即戦力候補の投手を多く指名した。
13年　1位大瀬良大地（九州共立大）、2位九里亜蓮（亜細亜大）
14年　2位薮田和樹（亜細亜大）
15年　1位岡田明丈（大阪商業大）、2位横山弘樹（NTT東日本）
16年　1位加藤拓也（慶應大）
前田の穴は前田クラスの素材でしか補えないが、前田クラスの素材がこの中に何人いるだろう。実は日本ハムも2014年以降、即戦力候補の上位指名が目立つ。有原航平、上原健太、加藤貴之という顔ぶれだ。大谷翔平がポスティングシステムを活用してメジャーに移籍するのは早くて2017年オフと言われているのでポスト大谷の準備は急務だが、今挙げた顔ぶれでは不十分。では準備しなかったのかというと、ちゃんと準備に向かっていた。
15年のドラフトで1位入札が髙橋純平（県岐阜商→ソフトバンク）、外れ1位の入札が小笠原慎之介（東海大相模→中日）で抽選負けが続き、外れ外れ1位で上原健太（明治大）を指名している。この向かっていく姿勢において日本ハムと広島では差がある。

●〝年表〟であぶり出す広島、日本ハム、ソフトバンクの現状

広島オリジナルの〝年表〟を広島、ソフトバンク、日本ハムの3球団分作成した（次頁以降の別表）。私が考える一軍登録（出場選手登録）28人がどのような年齢分布になっているか調べたかったからだ。

まず一、二軍合わせて24歳までの若手枠にいる投手は、ソフトバンク20人（支配下10人、育成10人）、広島12人、日本ハム10・5人（大谷は投手0・5人、野手0・5人でカウント）と支配下登録に限っては大きな差はない。ただ、ドラフト1、2位で指名された若手は広島3人、日本ハム3人、ソフトバンク5人と差ができた。

若手の枠にいる野手に目を向けると、広島12人、日本ハム19・5人、ソフトバンク19人（支配下11人、育成8人）でわかるように広島が少ない。投手も12人なので合計すると24人。近年の即戦力志向が祟ったのか、チーム全体に若手が少なくなっている現状をあぶり出している。

次に一軍登録候補28人がどの年齢帯に多く分類されているかだが、驚くのはソフトバン

広島の年表（年齢／守備）年齢は2017年の数え年齢

年齢	投手	捕手	一塁手	二塁手	三塁手	遊撃手	外野手
18	長井良太						
19	＊高橋昂也、アドゥワ誠	＊坂倉将吾					
20	＊塹江敦哉、＊高橋樹也		青木陸				
21	藤井皓哉	多田大輔		★木村聡司		＊桒原樹	
22	中村祐太、加藤拓也、床田寛樹						
23	辻空				美間優槻 ＊西川龍馬		鈴木誠也、髙橋大樹
24	岡田明丈、＊戸田隆矢	船越涼太 ★松浦耕大					＊野間峻祥
25	藪田和樹、中﨑翔太、横山弘樹	磯村嘉孝					
26	九里亜蓮、大瀬良大地、今村猛、 一岡竜司、＊飯田哲矢 ＊仲尾次オスカル	中村亘佑		＊庄司隼人	堂林翔太		
27	中田廉			菊池涼介	△上本崇司		
28	福井優也、野村祐輔、＊中村恭平、 ヘーゲンズ、＊佐藤祥万				＊安部友裕	＊田中広輔	＊丸佳浩、＊土生翔平
29	西原圭太	會澤翼					下水流昂
30	小野淳平、ジャクソン、今井啓介						
31							＊岩本貴裕
32		白濱裕太			小窪哲也		＊松山竜平
33	＊ジョンソン						
34							＊天谷宗一郎
35～	＊永川勝浩、＊江草仁貴	石原慶幸	新井貴浩		梵英心		エルドレッド、赤松真人

＊印は左利き、△は両打ち、★は育成選手

日本ハムの年表（年齢／守備）年齢は2017年の数え年齢

年齢	投手	捕手	一塁手	二塁手	三塁手	遊撃手	外野手
19	＊堀瑞輝、＊高山優希	郡拓也	＊今井順之助			＊平沼翔太	
20						＊太田賢吾	＊淺間大基、姫野優也
21	石川直也、立田将太	清水優心			高濱祐仁		＊岸里亮佑
22		石川亮		渡邉諒			
23	大谷翔平、＊上原健太、 井口和朋、吉田侑樹、 上沢直之、高良一輝			森本龍弥		＊石井一成	宇佐美塁大、 ＊森山恵佑
24	田中豊樹		横尾俊建				＊近藤健介、松本剛
25	＊加藤貴之、有原航平、 ＊公文克彦、玉井大翔						＊西川遥輝、 ＊谷口雄也
26	中村勝、高梨裕稔、白村明弘					＊中島卓也	△杉谷拳士、岡大海
27	鍵谷陽平		＊大嶋匠				大田泰示
28	浦野博司、屋宜照悟		中田翔				
29	斎藤佑樹、榎下陽大						
30		大野奨太			レアード		
31	＊瀬川隼郎、谷元圭介、 マーティン						
32	藤岡好明、＊宮西尚生、 新垣勇人、村田透	市川友也					
33	増井浩俊						
34	メンドーサ						
35～	＊石井裕也、武田久			＊田中賢介		飯山裕志	矢野謙次

＊印は左利き、△は両打ち

ソフトバンクの年表（年齢／守備）年齢は2017年の数え年齢

年齢	投手	捕手	一塁手	二塁手	三塁手	遊撃手	外野手
18	＊古谷優人					＊三森大貴、★＊松本龍憲	★＊田城飛翔、清水陸哉
19	小澤怜史、★＊長谷川宙輝	九鬼隆平			茶谷健太	★森山孔介	★＊大本将吾
20	高橋純平、＊笠谷俊介、★野澤佑斗、★柿木映二、★中村晨、★渡辺健史	＊谷川原健太				＊川瀬晃	
21	松本裕樹、★＊齋藤誠哉、★＊山下亜文	＊栗原陵矢、★＊堀内汰門		古澤勝吾			★幸山一大
22	＊笠原大芽、★東方伸友					★＊曽根海成	＊上林誠知
23	田中正義						真砂勇介
24	武田翔太、千賀滉大、星野大地、★＊川原弘之、★児玉龍也	★＊樋越優一					＊釜元豪
25	森唯斗、＊島袋洋奨、岡本健、★伊藤大智郎	＊斐紹、拓也		＊牧原大成		今宮健太	
26	二保旭、加治屋蓮、スアレス、★石川柊太						
27	東浜巨、＊飯田優也、★＊伊藤祐介	張本優大		＊髙田知季			
28	岩嵜翔、＊嘉弥真新也						＊中村晃、塚田正義、＊福田秀平
29	＊山田大樹						＊柳田悠岐
30							
31			＊明石健志				江川智晃
32	バンデンハーク						＊城所龍磨
33	＊大隣憲司			＊本多雄一			吉村裕基、＊長谷川勇也
34	寺原隼人、			川島慶三	松田宣浩		
35 ～	中田賢一、松坂大輔、＊和田毅、攝津正、五十嵐亮太、サファテ	＊髙谷裕亮、鶴岡慎也	内川聖一				

＊印は左利き、★は育成選手

ク若手の一軍登録候補が少ないこと。投手の武田と千賀以外、一人もいない。これは長くレギュラーポジションに居続ける一流選手が多いためで、問題はポスト内川、ポスト松田が用意されているかどうか。

野手では捕手が新人の九鬼隆平（19歳）、栗原陵矢（21歳）、外野が上林誠知（22歳）、真砂勇介（23歳）が、投手では高橋純平、松本裕樹、新人の田中正義と将来の主軸・主戦候補が控えている。この二段構えを構成する層の厚さは巨人、日本ハムでも及ばない。

世間では即戦力志向の強い広島が「育成に定評がある」と言われ、高校生志向の強いソフトバンクが「豊富な資金力にものを言わせ」と言われるが、これは単にマスコミやファンが、そう思い込みたいだけの話である。年表を見れば広島の若手の層の薄さが気になる。

最近の広島のドラフトで気になるのは指名順位が高いことだ。12年の1位高橋大樹（外野手・龍谷大平安高）は2、3位以下で獲れたと思うし、13年九里、14年薮田、15年横山（各2位）は3位でも獲れたと思う。そしてこの4人に共通するのは化けたら凄い「未完の大器」タイプであること。カープの暗黒時代はスカウトのスタンドプレーによってもたらされたが、その残滓は今でもこういう部分に残っている。

●カープスカウトの壮絶な優しさ

故渡辺秀武スカウトの取材で聞いた話は今でも記憶に残っている。二松學舎大付属高時代の初芝清（元ロッテ、現セガサミー監督）の調査に動いたというのもその一つ。

「東芝府中に入ったんですけど、キャンプなんか行くと僕も可愛がってね……。でも知りすぎるとかえって取れないんです。目が悪いとか知ってるから、それが打点王は取るわ、1億円プレーヤーになるわけだから、醍醐《だいご》さん（猛夫。当時のロッテスカウト）は見る目があったんですね。根性だけで取ったようなもんだから（笑い）」

この初芝とは3年くらい前、四谷三丁目の野球酒場「あぶさん」で会ったことがあるが、野球の話はまったくしないで連れの人と延々とへヴィメタルの話をしていたのが印象に残っている。私に合わせて初級篇のキッスとかメタリカの話をしてくれるのだが、素養のない私にはさっぱりわからない。少しだけ野球の話になったので意地悪く「目が悪いから獲れなかった」という渡辺の話を振ると「はいはい、鳥目（暗いところでものが見えにくい症状）でしたから」とまるで屈託がない。現在は社会人の強豪、セガサミーの監督を務め、ドラフト候補の森脇亮介たちの大成に手を貸しているところだ。

98年に8位指名した広池浩司（投手・立教大卒）の話も面白かった。面白いというよりカープスカウトの選手に対する優しさに触れたような気がした。

広池は不思議な選手で、大学時代は左の強打者としてリーグ内では知られた存在だった。大学卒業後は野球から足を洗って全日空（ANA）に入社、仕事の内容はカウンター業務で、野球の「や」の字もない環境に置かれていたが、あるとき突然左ピッチャーとしてプロを目指そうと思い立つ。

大手航空会社のANAを辞めてほしくない両親が反対し、横川賢次・立教大前監督も安定した生活を捨てることはないと反対。菅野敦史・前立教大助監督（当時は横浜商監督）に広池がどんな選手だったのか聞きに行くと、几帳面で真面目でと美点を並べ、「だからプロなんか行かせないでくれ」と言われる。実は担当スカウトの渡辺も広池のプロ入りには反対で、立教大OBで巨人時代にはともに汗を流した横山忠夫が経営するうどん屋「立山」まで出向き、「やめたほうがいい」と忠告している。

入団テストをひとまずクリアし、ドミニカのカープアカデミーに1年間だけ派遣されるが、備前喜夫チーフスカウト（当時）からも電話がかかってきて「やめさせてくれ」と言われる始末。つまり、広池にプロを薦める人間は渡辺が知る限り、その周囲には一人もいなかったことになる。渡辺をはじめとするカープ側の広池に対する態度をどう表現したらいいのだろう。「壮絶な優しさ」——これが最も適切な言葉だろう。

広池は現在、西武ライオンズの「球団本部チーム戦略ディレクター」として活動し、その様子は「広池浩司オフィシャルサイト　Hiroike Report」で見ることができる。ちなみに、16年10月31日のレポートには次のような文章が載っていた。

「日本一にはなれませんでしたが、今年のカープはすごく輝いていました。セ・リーグ制覇の栄誉は色あせることはありません。素晴らしい戦いを見せていただきありがとうございました」——この言葉は私には広池の恩返しのように耳に響いた。

2015年の東京六大学秋季リーグ戦、明治大対立教大戦ではこんなシーンを目撃した。2点差に迫られた8回表、明治大は3番手に上原健太（現日本ハム）をマウンドに送った。1カ月後に行われるドラフト会議の上位候補ではあっても4年になってからの上原は下級生時代の輝きがなく、1位指名も危ぶまれていた。しかし、この日は無死一、二塁のピンチで3、4番を打ち取ってピンチを脱し、9回も三者凡退に抑え、チームに初の勝ち点をもたらした。

この上原を前年から1位入札で獲ると公言していたのが苑田聡彦スカウト部長である。結果を先に言うとドラフトでは岡田明丈（投手・大阪商業大）を1位入札で獲得している。苑田があれほど惚れ込みながら指名できなかったところに、4年になってからの上原の精彩のなさが実感できると思う。

この明治大戦が行われた9月21日には、岡田明丈の1位入札が決まっていたと思うが、苑田はそれでも上原がカウントを悪くすれば「頑張れ！」と大きい声で応援し、勝った瞬間には「おめでとう！」と大きな声で声援を送る。こういうスカウトを私は見たことがない。広島のスカウトの伝統と言う他ない。

広島のドラフトは松田元オーナーとスカウトだけで指名する選手を決める。やりにくくないですかと渡辺に聞くと、「逆にスカウトの意見が反映されるのでやりやすい」と言った。「監督の要望に耳を貸さなくて済む」という言葉がこの発言の裏には潜んでいる。

日々行われるペナントレースの指揮を執ることで精一杯の監督がドラフト候補のアマチュア球児をまめにチェックすることは不可能。しかし、翌年も監督を務める監督は往々にしてチームの将来より、自分の就任中の成績を上げようとして即戦力の選手をほしがる。そして、その即戦力の多くは投手である。1、2位の7割は投手で、その多くが即戦力候補の大学生と社会人、というのは今や球界の常識である。

現場で見たことがないアマチュア球児を、ビデオかテレビで少し見ただけで、腕の振りがいいとか球が速いとかもっともらしい理由をつけて指名にもっていく。そういうことをしない球団が本書で紹介している日本ハム、ソフトバンク、広島である。

しかし、広島は監督こそ口を出さないが、松田オーナー代行（当時）が口を出す。例えば、90年のドラフトでは3位で山崎一玄《かずはる》（静岡高→阪神）を獲る予定だったが、当日の朝、渡辺がオーナー代行に高橋英樹（投手・喜界高）の話をすると、「面白いじゃない、そっちにしろよ」で人選が変わった。高橋の在籍する高校がある喜界島と桃太郎が鬼退治に向かった鬼ヶ島のイメージが重なり、さらに高橋英樹という名前は『桃太郎侍』役で一世を風靡した俳優の高橋英樹と同じである。それを批判しているのではない。3位くらいの順位ならこういう洒落っ気があってもいいと思っている。

94年の田村恵（捕手・樟南高）はスカウト全員が指名に反対したが、「頭がよさそうだ。マネージャーにすればいいから」の松田のひと声で6位指名した。田村は現役時代、お世辞にも成功したとは言えないが、13年のドラフトでは1位入札した大瀬良の抽選に担当スカウトとして立ち会い、見事に当たりクジを引き当てた。

広島スカウト陣の最大の特徴は選手に寄せる情の深さである。渡辺が初芝や広池に寄せた情、苑田が上原に寄せた情、松田元が高橋や田村に寄せた情、そういうものが積もり積もって広島という球団の核を構成しているように見える。日本ハムやソフトバンクと異なる強豪へのアプローチである。

●カープ人気を後押ししたマツダスタジアムの竣工

近年のカープ人気を爆発させた最大の要因は２００９年に開場した新球場、マツダスタジアムの存在だろう。広島市民球場の最終年以降の観客動員数を見てみよう。

08年・4位　１３９万６８０人（1試合平均1万９３１５人）※広島市民球場
09年・5位　１８７万３０４６人（1試合平均2万６０１５人）※マツダスタジアム開場
10年・5位　１６０万93人（1試合平均2万２２２４人）
11年・5位　１５８万２５２４人（1試合平均2万１９８０人）
12年・4位　１５８万９６５８人（1試合平均2万２０７９人）

13年・3位　156万5598人（1試合平均2万1744人）
14年・3位　190万4781人（1試合平均2万6455人）
15年・4位　211万2266人（1試合平均2万9722人）
16年・優勝　215万7331人（1試合平均2万9963人）※リーグ優勝

新球場の竣工でシーズンの観客動員は約50万人も増えた。10年以上前に話を聞いたフロントは「うちは100万人入れば黒字ですから」と胸を張っていたが、それを優に2倍以上超えている。これを見てその人は何を思っているだろう。

最初の新球場建設の機運は02年に起こった。このときはアメリカのデベロッパーが中心になって進め、いったんは商業機能を備えた複合型新球場案で合意を得ている。それが頓挫したのは日本での再開発計画への参画が困難になったためと言われるが、03年の観客動員（94万6000人）の少なさも影響していると思う。

広島のテレビ局の人から見せられた「ヒロシマ・ボールパーク・タウン」という資料の中に「年間最大150万人の入場観客数での採算計画」という見出しがあり、この「150万人」を「120万人」と訂正するボールペンの跡があった。150万人はおろか12

0万人にも遠く及ばない不人気ぶりを見てデベロッパーがアメリカに逃げ帰ったのではないかという想像はそれほど的外れではないと思う。いずれにしても新球場建設予計定地・JR東広島貨物ヤード跡地取得に使った111億円の借金と金利だけが残されたのである。

球団草創期の昭和20～30年代にかけて、資金力不足をファンの浄財で補おうとする〝たる募金〟が行われたことはあまりにも有名だ。そして新球場建設の際にも〝たる募金〟は行われた。2004年11月から始まり、私もこの頃「広島市に新球場建設を！『たる募金』賛同のお願い」と書かれた手紙を受け取っている。そこに書かれた印象的な言葉を紹介しよう。

「プロ野球界の再編問題を通してあらためて問い直されている球団と地域の結びつきを一層強め、『広島からカープの灯を消さない』というアピールにもなると考えます。なお、『たる募金』に寄せられた浄財は全額、新球場建設資金のために寄付します。万が一、球場建設がかなわなかった場合は、現在の市民球場の改修資金に寄付させていただきます」

この文章から、球界再編騒動が巻き起こった04年に新球場建設の動きが始まったことがわかる。これより少し前、1リーグ制移行の流れの中で広島は〝球団消滅〟の危機感を募らせていた。あれから14年経った16年、マツダスタジアムには200万人を超える大観衆が新球場に押し寄せている。一進一退を繰り返す時期もあったが、Aクラスに返り咲いた13年の勢いを駆って14年は190万人以上、15年は初の200万人超えを果たし、16年はそれを上回る球団史上最高の215万人以上の観客を新球場に集めたのである。

本拠地が広島市民球場のままだったら現在の人気はなかっただろう。急増する女性ファンは「新古典」とも形容されるスタイリッシュにアメリカナイズされたマツダスタジアムで真っ赤なレプリカユニフォームと帽子を着用して、ひいきのカープ選手を応援する、そういうスタイルがさらに共感を呼んで新たなファンを作る。

常打ち球場としては唯一の全面天然芝で、収容人員は3万3000人とコンパクト。それでいて観客が年間215万人以上入っているのである。ほとんど連日満員に近い観客が押し寄せている計算になる。

●チーム強化にまい進する球団と停滞する球団

今、球界には２００４年の球界再編騒動を境に変革の嵐が巻き起こっている。本書に最初に登場した日本ハムは04年に本拠地をそれまでの東京ドームから札幌ドームに移して、現在は年間２００万人以上観客を動員する人気球団になった。

ソフトバンクは球界再編騒動が起こった翌05年にダイエーを買収して球界に参画。選手への投資とともに今年は筑後市に広大なファーム施設を建設、二軍、三軍からの人材供給の活発化を目指している。

広島はここまで書いてきたように球界再編騒動が起こった翌05年に新球場建設の機運が盛り上がり、09年にマツダスタジアムが竣工。16年はここを舞台に25年ぶりのリーグ優勝を果たし、〝カープ女子〟〝神ってる〟などの流行語を発信した。

この3球団以外にも動きの目立つ球団がある。16年2月、ＤｅＮＡは本拠地の横浜スタジアムの運営会社を買収し、球団と球場の一体経営を実現、長く続いた赤字体質からの脱却を実現。昨年の観客動員は球団史上最多の１９３万９１４６人を記録した。またファームの施設を同じ横須賀市でもそれまでの長浦町から横須賀スタジアムのある夏島町に移し、地元に密着した〝おらが町〟作りに取り組んでいる。

楽天は本拠地の楽天Ｋｏｂｏスタジアム宮城（現Ｋｏｂｏパーク宮城）の全面天然芝化に着手、〝ボールパーク〟への進化を加速させている。レフトスタンド向こうに聳え立つ観覧車の完成は16年の５月３日。球場広告の色合いや散らばり具合はパッチワークを見ているような楽しさがある。

オリックスはファーム施設を神戸から大阪の高校野球のメインスタジアム、舞洲ベースボールスタジアムがある舞洲に移した。約10・５ヘクタールを50年間の契約で大阪市から借り受けたもので、30億円をかけてサブ球場や室内練習場、選手寮などを整備した。

巨人は２０２３年３月の完成を目指し、東京都稲城市にあるジャイアンツ球場の近くに新球場が建設される。ジャイアンツ球場は23人の育成選手、新球場は二軍の本拠地として使われる予定である。

選手の育成・強化はアマチュア球児のスカウティングとプロ入り後のコーチングが一体化となって進められるが、重要なのはドラフトの戦略とスカウトの情熱であり、プロ入り後は施設の充実である。ここに名前がほとんど出てこなかった阪神、中日、ヤクルト、西武、ロッテは04年の1リーグ制論議のときは球団消滅の恐れのない中心的存在として認識されていたが、10年以上経った現在、チーム強化の歩みははっきり言って遅い。

とくに阪神、中日は球界屈指の伝統と人気を誇り、03年から10年間はリーグ内で巨人とともに3強を形成していた。それが今は見る影もない。プロ野球を公共的な財産と考える私のような人間からすると非常に腹立たしい。どうしたら強くて魅力のあるチームを作れるのか、それをこれから考えていきたいと思う。

第3章

王道を突き進む福岡ソフトバンクホークスの戦略

●今や常勝軍団となったホークス

楽天が球界に登場した2005年、ソフトバンクもダイエーを買収して球界に参画している。経営難に陥っていたダイエーは03年オフに中心選手の小久保裕紀を巨人に無償トレードし、04年オフにも井口資仁が自由契約によってメジャーリーグのシカゴ・ホワイトソックスに移籍するなど、不可解な選手の流出が続いていた。

そういう時期に経営を受け継ぎ、なおかつ城島健司、和田毅のメジャー移籍、杉内俊哉の巨人移籍など主力の流出が続き、07年からは資金力のあるソフトバンクには逆風とも言えるドラフト会議での希望枠が廃止されている。それでもFAで内川聖一、細川亨（いずれも11年）、メジャー帰りの五十嵐亮太（13年）、岡島秀樹（14年）や他球団の外国人選手、スタンリッジ、サファテ、李大浩（いずれも14年）を獲得、ドラフトでは高校生主体の指名を行い、過去3年は15人中13人が高校生という極端な戦略で臨んでいる。

こういう思い切った指名ができるのはソフトバンクに受け継がれた05年以降の12年間、優勝4回（勝率1位は5回）、日本一3回という強さを発揮しているからに他ならない。

２０１６年優勝を逃してもその強さは変わらず、２０１７年もパ・リーグの優勝候補の筆頭に挙げられている。

●ＦＡ選手の獲得より育成に重きを置いた戦略

２０１４、15年に連続日本一になり、16年は日本ハムと9月27日まで熾烈な優勝争いを演じたソフトバンクの強さの秘密を探るとき、ある人は豊富な資金力を挙げ、ある人は育成能力の高さを挙げるだろう。どちらも間違っていないが、例えばＦＡ権を行使した他球団の主力選手を獲得するという例は以前ほど多くない。２０００年以降の顔ぶれを見てみよう。

２００５年　大村直之外野手（近鉄）
２００７年　小久保裕紀内野手（巨人）
２０１１年　細川亨捕手（西武）、内川聖一外野手（横浜）
２０１２年　帆足和幸投手（西武）
２０１３年　寺原隼人投手（オリックス）

２０１４年　中田賢一投手（中日）、鶴岡慎也捕手（日本ハム）

資金力を背景にしたチーム強化、と言うと選手に資金を投下する直接的な方法が頭に浮かぶが、例えば、豊富な資金力が有利に働く逆指名ドラフト（その後、自由枠、希望枠と名称が変わる）は07年を最後に終わり、今は指名に臨む際の知恵や戦略が重要になりつつある。巨人やソフトバンクの独壇場と思われているＦＡ戦略も、紹介した顔ぶれを見ればわかるように穏やかで、数も多くない。反対にＦＡ権を行使して出て行った選手はものすごい顔ぶれが並ぶ。時系列に沿って紹介していこう。

城島健司捕手（06年→メジャー・マリナーズ）、杉内俊哉投手（12年→巨人）、和田毅投手（12年→メジャー・オリオールズ）、川﨑宗則内野手（12年→メジャー・マリナーズ）、山﨑勝己捕手（14年→オリックス）

さらにダイエー時代の04年には小久保裕紀内野手が巨人、村松有人外野手がオリックス、05年には井口資仁内野手がメジャーのホワイトソックスに自由契約で移籍している。こうしてみると、２００３年の阪神との日本シリーズに出場した中心選手の中でホークス一筋の野球人生を送ったのは柴原洋外野手、松中信彦内野手、斉藤和巳投手くらいである。

「豊富な資金力を背景に強くなった」と言われることが多いソフトバンクだが、その豊富な資金を選手に直接投下して強くなった、というのは過去10数年に関しては嘘である。しかし、ソフトバンクがチーム強化に豊富な資金力を投下していることは間違いない。では、ソフトバンクは豊富な資金力を何に使っているのだろうか。

２０１５年オフ、それまでのファームの本拠地、雁の巣球場（福岡市）の老朽化に伴い、熊本県の荒尾市や佐賀県の鳥栖市に近い筑後市の約７万１０００平方メートルの広大な敷地に作られた豪華なファーム施設が話題になった。二軍の公式戦を行うメインスタジアム、主に三軍が練習や試合で使用するサブグラウンド、屋内練習場、選手寮・クラブハウス……。

この施設がマスコミに公開されたのは16年3月、その施設群の正式名称を「ＨＡＷＫＳベースボールパーク筑後」という。ＪＲ鹿児島本線・筑後船小屋駅から歩いて数分のところにあり、駅に着いてあたりを見回すと、あるのは九州新幹線・筑後船小屋駅の駅舎だけで、あとは畑くらいしかない。駅近くの観光案内板には船小屋温泉郷、筑後広域公園、九州芸文館とともにＨＡＷＫＳベースボールパーク筑後の名がある。

敷地内に入って注目したのは各施設が隣り合っていることで、まるで宮崎のキャンプ施設のようである。宮崎市生目の杜運動公園は主要球場のアイビースタジアム、第2野球場、はんぴドーム（室内練習場）、多目的グラウンド、ブルペンが1、2分で移動できるように作られ、やっている選手はもちろん、取材する記者やライターにも好評である。対照的に同じ宮崎の巨人キャンプ地は主要球場のKIRISHIMAサンマリンスタジアム宮崎からファームが使用するひむかスタジアムまで徒歩なら10数分かかるので、私はもっぱら敷地内を巡回する無料バスを利用している。

宮崎市生目の杜運動公園のキャンプ施設を大まかにデザインしたのは93年から2年間ダイエーの監督として指揮を執り、その後フロントに入り、球団社長まで務めた根本陸夫である。史上最強のフロントトップにしてスカウトというのが私の根本評で、日本ハムの吉村浩GMは12年に栗山英樹を監督に招聘する際、「根本陸夫になりませんか」という殺し文句を使っている。

根本がデザインした宮崎市生目の杜の「選手に優しい」精神は新築された筑後のファーム施設にも反映されているが、実はこのことがソフトバンクというチームを語る上で重要になる。「根本遺産の継承」――これがソフトバンクのフロントには脈々と受け継がれ、それがこのチームの強さの秘密ではないかと私は思っている。

●3人のカリスマ、孫正義、王貞治、根本陸夫

ソフトバンクの強さを語るとき、根本とともに名前を外せないのが孫正義オーナーと王貞治取締役会長の2人だ。孫は球団同士の世界一決定戦「クラブ・ワールドカップ構想」を早くから提唱しているが、球団のトップで世界に目を向けたのは孫以外では巨人の創立者、正力松太郎がいるだけだ（『巨人軍憲章』として有名な正力松太郎遺訓「巨人軍は常に強くあれ、巨人軍は常に紳士たれ、巨人軍はアメリカ野球に追いつけ、そして追い越せ」を遺した人物）。

「めざせ世界一！」を球団のスローガンに掲げ、これを未来永劫変わることのない「志」と表明しているのは、グローバル企業の創業者、孫なら当然のことなのかもしれない。

実働22年間で通算868本の本塁打を放った王も「世界の王」と言われ続けてきた。現役時代、数年に一度親善試合で来日するメジャーリーガーが試合前や試合後、王に挨拶するためにベンチを訪れるということがよくあった。

この王に対してソフトバンクの指導者、選手、スタッフだけでなく、孫オーナーが尊敬

の念を抱いて接しているところにこのチームの魅力がある。巨人の渡邉恒雄・元オーナーは、王と並ぶ球界のレジェンド・長嶋茂雄・終身名誉監督を「長嶋くん」と呼ぶ。渡邉のほうが10歳年長でも野球ファンには釈然としない気持ちが残る。

2008年限りで監督を辞任すると発表した王と孫が2時間懇談したことがある。そのあとの記者とのやりとりで孫は、「(王の)お体さえ健康ならば、終身監督をお引き受け願いたい気持ちには変わりがないが（中略）残念な気持ちとショックな気持ちだった。一方で大きな手術をされて、お体の心配もしていたので、ご無理をおかけしていたな、と、複雑な心境だった」と語っている。この王に対する敬意が球界に参画した05年から13年たった現在もまったく変わっていない。

福岡県の久留米大学附設高校を1年で中退してアメリカに留学するまで野球が大好きで、「打順は3番、守備位置は三塁手だった。夜が明けたばかりの薄暗いグラウンドで練習したり、鉄下駄を履いて家の周りを走り回っていた」とはダイエーホークスの買収を表明した際、記者会見で語ったことだ。こういう野球好きの部分に嘘くさいところがない。

創立時に話した「ビジネスというだけではなく、スポーツを愛する気持ちで夢のある球団にしていきたい」という思いはより具体的に「クラブ・ワールドカップ構想」へとつながっている。このブレのなさがホークスを強豪の座に押しとどめる力になっている。

●宮崎キャンプの思想が筑後のファームにも生かされている

孫と王、そして前で紹介した根本の名前がフロントの方々と話すとよく出てくる。孫と王が「オーナーが」「会長が」という役職で語られるのに対して、根本は「根本さん」と呼ばれる。この根本がダイエーの監督だった頃、面白いエピソードがある。

中内正オーナー代行（当時）が東京出張を終え帰りの飛行機に乗ると、根本とばったり顔を合わせたという。その日は午後6時から福岡で試合があるので、東京に来ている暇はないはずだが、マネージャーに「スターティングメンバーは昨日言った通りにして出しておけ」と電話して、試合前にはベンチにいたという。

南海・ダイエー時代の主戦、加藤伸一（現育成担当＝三軍）はダイエーの監督だった根本から「ピッチャーは投げ終えたあとフォロースルーを両目で追うな、右ピッチャーなら右目で追え」と教えられたという。そういう教えはなかなか持続できず疎かになるのだが、背後からプーンと葉巻の匂いがすると「あっ、根本さんが来た！」と緊張が走り、皆フォロースルーを右目で追うようになるのだと、笑いながら話してくれた。

２０００年に球団代表を務めた上田卓三は編成部長だった96年のドラフトで1位井口忠仁（現井口資仁、内野手）、2位松中信彦（一塁手）、3位柴原洋（外野手）というオール野手の指名をして、王貞治監督（当時）を激怒させた。南海時代の77年から96年まで、ホークスは19年連続Bクラスに低迷している（Bクラスは翌97年まで続く）。この96年は最下位に低迷し、チーム防御率４・０４も最下位。10勝以上挙げた投手が武田一浩（15勝）1人という状況を見れば王監督の怒りも当然だが、根本はドラフト前、「俺が監督には話をつけておくから遠慮なく指名しろ」と胸を叩いたという。

そういう話をひどい目にあったと言いながら懐かしそうに話すのである。根本がチーム内でどういう存在だったのか、こういう部分から伝わってくる。この根本遺産の一つが宮崎市生目の杜運動公園のキャンプ施設で、共通の長所を備えているＨＡＷＫＳベースボールパーク筑後は根本の精神を継承した現フロントによって作られている。前で「ソフトバンクは豊富な資金力を何に使っているのか」と書いたが、選手への直接投下より、選手の育成を助ける施設面に豊富な資金力を投下していることがわかっていただけると思う。チームに永続性のある強さを求めている何よりの証である。

このファーム施設には球場が2つあり、メインスタジアムの「タマホームスタジアム筑後」は一軍の常打ち球場、福岡ヤフオク！ドームと同様のスタジアム規模を誇り、サブグラウンドのタマホームスタジアム筑後2は全面人工芝のメインスタジアムと異なり、内野は土で外野は天然芝というひと昔前のスタイルを取っている。どうしてこういう面倒くさいことをしたのかというと、内野手は全面人工芝のグラウンドで練習するより土のグラウンドでゴロ捕りをしたほうがうまくなるという信念がファーム首脳陣の中にあるからだ。これも根本遺産の一つなのかもしれない。さらに驚くものが屋内練習場のブルペンに2カ所、隠されていた。

●日本一のファーム施設、HAWKSベースボールパーク筑後の凄さ

2016年11月17日の日刊スポーツに、「トラックマン（トラッキング）」という最新機器をヤクルトが導入すると書かれていた。軍事用に開発されたレーダーシステムを野球に応用したもので、ピッチャーの投げる球の回転数や回転角度などが計測できるという。これをHAWKSベースボールパーク筑後では6人が一斉に投げる屋内練習場のブルペンの

後ろとサイドの2カ所にすでに設置している。そして計測した数値がピッチャーの映像とともに一軍の工藤公康監督のもとに送られ、遠隔地にいてもリアルタイムで目にすることができるようになっている。このことを知って、豊富な資金力を投下しているという部分より、細かな部分に〝電脳的な配慮〟を施しているのはさすがにIT企業だと感心した。

また、このファーム施設では選手が一人でバッティング練習をできるようになっている。球速を「高速」「中速」「低速」「実戦」の4段階で調節できるようになっていて、ボールの補充は自動。床面には緩く傾斜がついているので、ボールは自然と前に向かって回収されるようになっている。バッティングのヒントが閃いたときに、球拾いを伴わなくても一人で練習できるようにという配慮である。ブルペン同様にここにもトラックマンが設置され、打球速度、角度、飛距離の分析ができ、選手の打っている映像を指導者やスコアラーがスマートフォンで見ることもできる。こういう環境が備わっているからソフトバンクのスカウトは安心して育成選手を大量に指名することができるのだなと思った。

育成選手の保有は球団によって考え方が異なる。日本ハムが一人もいないのに対し、ソフトバンクは2016年の開幕前に21人、巨人はさらに3人多い24人を保有している。日本ハムが一人も保有しないのは、控え選手を多く抱えることを不合理と考えるからに他ならない。さらに育成選手（三軍）が増えることで練習できる場所を確保しなければならず、監督やコーチの増員も必要になってくる。人件費の大枠が決まっている日本ハムでは三軍を置く余裕もないと思う。

それでも三軍を積極的に推し進めようとしているのがソフトバンクをはじめ、オリックス、ロッテ、楽天、巨人、中日、ＤｅＮＡの各球団だ。オリックスは２０１７年から大阪の高校野球のメインスタジアムとして知られる舞洲ベースボールスタジアムを新たなファームの拠点とすることが決まり、サブ球場、室内練習場、選手寮、クラブハウスを新設している。16年の育成ドラフトで巨人に次ぐ5人の選手を指名しているのはファームの競争力を激化させ、人材抜擢のスピードを上げる狙いがあるのだろう。

ＤｅＮＡも横須賀スタジアムがある追浜公園内にファーム機能を全面移転することが決まり、池田純・前球団社長は横浜と横須賀の頭文字を取って「横横ベイスターズ構想」を掲げた。ＴＢＳが親会社だった２０００～10年までベイスターズ二軍のチーム名は「湘南シーレックス」だった。本拠地は横須賀なのにどうして「湘南」の冠をつけなければいけないのか理解に苦しんだが、12年から親会社がＤｅＮＡになってようやく横須賀に腰を据える覚悟ができたようだ。

各球団がファーム施設を充実し、活動を活発化させようとしているのは、故障者が多く、野戦病院化している二軍に下から選手を送り込み、試合を円滑に進める狙いがある。巨人がファームの即戦力とも言うべき独立リーグの選手を数多く育成ドラフトで指名している理由の一つでもある。

もちろん三軍の活動を活発化させる理由はそれだけではない。過去に三軍から人材を輩出した記憶が強く残っているから……こっちのほうが動機付けとしては強い。三軍導入の先鞭をつけた巨人は山口鉄也（投手）、松本哲也（外野手）が08、09年の新人王に輝き、ロッテは西野勇士（投手）、岡田幸文（外野手）が現在もチームの主力として頑張っている。DeNAも内村賢介（内野手）、国吉佑樹（投手）が一軍の戦力になり、左腕・砂田毅樹（投手）はローテーション候補の一角として首脳陣の期待を集めている。そういう人材を支度金300万円、年俸240万円程度で獲得できるのだから、コスパ（費用対効果）は悪くない。

それらのチームの中でも育成ドラフト出身者の活躍が目立つのがソフトバンクである。06年山田大樹（投手）、10年組は千賀滉大（投手）、牧原大成（内・外野手）、拓也（甲斐拓也、捕手）の3人が揃い、さらに中日への移籍で花開いた11年亀澤恭平（内野手）、12

年飯田優也（投手）と毎年のように育成出身者が一軍の戦力になり、現在も釜元豪（外野手）、石川柊太（投手）が抜擢の機会を伺っている。彼らの動きがＨＡＷＫＳベースボールパーク筑後の本格的な稼働によってさらに活発化していく。

●即戦力候補でもモラトリアムが許される！

日本ハムの章で数値が重要という話をしたが、ソフトバンクにも指標にする数値がある。ファームでは2カ月に1回くらい、次のような測定をしている。

「腹筋（20～30秒で40～50回くらい）、バックスロー（メディシンボールの距離）、ＹＯ―ＹＯテスト（シグナル音に合わせて20メートルの往復走を繰り返す）、三段跳び、立ち幅跳び、ダッシュ……等々」

現在のファームでこれらの数値がいいのは釜元豪（23歳）、上林誠知（21歳）で、２人のファームでの打撃成績は釜元が打率・２６８（安打１０５）、盗塁23、上林が打率・２４７（安打94）、本塁打12、盗塁21。チーム内では盗塁が1、2位で、安打数は釜元が2位、本塁打数は上林が2位である。数値と成績が同調しているのがわかる。

この数値が低かったのが東浜巨だ。沖縄尚学高では3年時に選抜大会優勝投手、亜細亜大では1年春からエースとして投げ続け、全8シーズンで4勝以上の勝ち星を挙げ、規定投球回もクリア。4年間の通算成績は35勝19敗、防御率1・31という見事なものだった。しかし、エースとして投げ続けたため、トレーニングに充てる時間が少なかった。

大学時代はストレートにバットを押し込むようなボリューム感がなく、それを補おうとしてツーシームを多投、走者が出れば一塁牽制球が4、5球続き、守備陣がダレ気味になることもあった。プロでは悪いほうの予感が当たり1年目から3勝、2勝、1勝と低空飛行を余儀なくされるが、ソフトバンクは東浜から「即戦力」の看板を外し、ストレートが150キロに達するように体幹強化に努めた。その成果は4年目の16年に現れた。23試合に登板、9勝6敗、防御率3・00で主戦投手の仲間入りをしたのだ。

東浜以外にも、即戦力の期待に応えられなかったピッチャーはいる。05年の希望枠・松田宣浩（三塁手）は1、2年目62、74試合出場にとどまり、06年の希望枠・大隣憲司（投手）は1年目2勝4敗に終わっている。即戦力候補で入団しても、まずは体力向上に努め、体作りに成果が認められた時点で実戦のプレーに移る。東浜のように投げることが好きなピッチャーに投球禁止を言い渡すのは大変だが、「指導者は言葉が重要、とくにファームは」

というのがソフトバンク指導者に共通する思いだ。もしソフトバンク以外のチームに入っていたら、東浜の野球人生は失敗したかもしれない。

●小川一夫スカウト部長が二軍監督に2年間出向

ソフトバンクの人事で見事だったのは小川一夫スカウト部長を2011年、二軍監督に据えたことだ。08年にウエスタン・リーグ制覇を果たしたあと二軍は3年間優勝から遠ざかっていた。ファームは育成に主眼を置くのが本筋で、例えば日本ハムなどは過去5年、6位3回、7位（最下位）2回とパッとしない。日本ハムにとってファームとは限られた人材を失敗せずに育て上げることで、二軍の成績がよかろうが悪かろうが関係ない。しかし、ソフトバンクは育成のスタンスが日本ハムとは異なる。

日本ハムが支配下登録の65、66人で1シーズン戦うのに対して、ソフトバンクは支配下登録65、66人に育成選手約20人を加えた合計85、86人で1シーズンを戦う。極端なことを言えば、少ない人数でやり繰りする日本ハムが失敗を許されないのに対し、大所帯のソフトバンクはある程度の失敗が許される。そこで少しだけ冒険ができる。どんな選手が育つのか、育たないのか、選手は成長過程でどのように変わっていくのか、そういうことを考えながらスカウティングできる。

ソフトバンクは孫オーナーが「めざせ世界一！」と言っているチームだ。スカウティングで最優先するのは150キロのストレートを投げる投手、高い確率でホームランを打てる強打者、50メートルを5秒台、打者走者として一塁まで3・9秒以内で走る選手である。めざすのは強くて人気があり、観客が喜ぶチーム。育つ確率が低くても、出来上がったときの粒が大きいほうの選手をソフトバンクのスカウトは獲得しようとするはずだ。

「素材中心で将来チームの根幹を担うような選手を獲得する」

小川は以前、獲得を目指す選手像をはっきりと語った。日本ハムも1位指名はナンバーワンの素材に向かっていく。打者では陽岱鋼、中田翔、投手ではダルビッシュ有、大谷翔平、有原航平という顔ぶれだ。ソフトバンクはそれを育成ドラフトにも求める。そういう素材中心の人材獲得はドラフト戦略にも反映され、14年は1～4位まで高校生（5位が大学生）、15年は1～6位まで全員高校生、16年は2～4位まで高校生（1位は大学生）という指名になって現れた。まさに壮大な〝実験〟と言っていいだろう。

そういう人材をスカウトとしてファームに送り込んだ小川は、二軍の監督としては勝つ野球を目指した。高校卒はモノになったときの粒は大きいが、モノにならない確率が大学卒、社会人出身にくらべ大きい。「ハイリスク、ハイリターン」がプロ野球では高校卒なのである。そのリスクを軽減させるため勝利優先の方針を徹底させるというのは非常によく考えられた戦略だと思う。

小川が二軍監督を務めたのは12〜13年までの2年間で、14年からは編成育成部長兼スカウト室室長としてフロントに戻った。2年間の二軍監督の間に一軍で大成した主な選手は、投手では武田翔太、千賀滉大、野手では今宮健太、中村晃たちだ。

愛知県立蒲郡高校卒の千賀は名古屋市内にあるスポーツ用品店の店長から「ヒジの使い方が柔らかいピッチャーがいる、見たほうがいいよ」と知らされ、永山勝、宮田善久、山崎賢一各スカウトを伴って見に行った。小川は「ああいうの（無名の実力者）を高校のときに獲る、夢見たいでしょう」と言ったあと、「男と生まれたからには夢を見たい」と言った。ちなみに千賀の地元球団、中日は千賀のことを知らなかったという。

●逆指名ドラフトを最も効果的に活用した球団

福岡ソフトバンクホークス（以下、ソフトバンク）の前身は1989年に南海を買収したダイエーで、買収された南海は78年から97年までの20年間、Bクラスを低迷する弱小球団だったとは前で書いた。その20年間に就いた監督の数は7人。1人の平均任期が3年弱というところに球団の迷いが見える。

ダイエーが球団を買収してから優勝するまでに要した時間は11年。同じように弱小のクラウンライターライオンズを買収した西武が優勝するまでに要した時間は4年。この時間の差は、希代のフロントマン、根本陸夫が初めから在籍していた西武と、5年目から根本がチーム作りに加わったダイエーとの差と言い換えていい。根本がいるのといないのとでは、それほどチーム作りに差があった。

ダイエーは93年からスタートした逆指名ドラフトとFA（フリーエージェント）を活用して強豪に生まれ変わった球団だが、FAとドラフトのどっちがチーム作りに影響を与えたかと問われれば、「ドラフト」と答える。逆指名（93～00）、自由枠（01～04年）、希望枠（05～06年）と名を変えた〝新制度〟を活用したダイエー・ソフトバンクは、豊富な資金力を背景に指名の対象となる有力な大学生と社会人を獲得し続けた。

ちなみに、逆指名（自由枠、希望枠）ドラフトとは大学生と社会人に限り入りたい球団を選べる制度のことで、制度の導入に最も熱心だったのは巨人である（高校生は高野連＝日本高等学校野球連盟が一貫して反対の立場を取ったため対象となっていない）。

巨人が逆指名ドラフト導入に熱心だったのは、「ドラフト制度を骨抜きにしたかったから」と言っていい。ドラフト制度がなかった時代、新人補強は人気のある巨人の独壇場で、東京六大学リーグの大スター、長嶋茂雄（立教大）も甲子園のヒーロー、王貞治（早稲田実）も、南海、阪神という競争相手こそいたが最終的には入団にこぎ着け、彼らは9年連続日本一（V9）の立役者になった。

それが1964年にドラフト制度が導入されると、巨人の新人補強は思うようにいかなくなる。会議前に「巨人に行きたい」「巨人じゃなければ大学（社会人）に行く」と〝ブラフ〟をかける選手もいたが、実力のある選手ほど遠回りしたくないという心理が働くのか、「巨人以外には行かない」と言った選手の多くがその後、指名された球団に入っていった。

田淵幸一（法政大・捕手）を獲得できなかった1968年の巨人は、星野仙一（明治大→中日）、山田久志（富士鉄釜石→阪急）、東尾修（箕島高→西鉄）を獲ることが可能だったが、指名したのは高校生の島野修（武相高・投手）だった。星野がドラフト後に言った「島野は星野の間違いではないか」は後世まで残る名言だが、これは巨人の「指名下手」を後世まで印象付ける強烈な一言となった。

さて、選手の希望を聞き入れる制度としてスタートした逆指名ドラフトの舵取り役は巨人だが、この時期の巨人はこの制度を活用してどういう選手を獲得するのかという方法論が欠如していた。制度導入の93年、巨人が1、2位で指名した三野勝大（東北福祉大・投手）と柳沢裕一（明治大・捕手）が一軍で活躍できなかったことは、そういう巨人の腰の引け方を象徴している。

巨人のドラフトは今も昔も理念が先行するきらいがある。逆指名を導入した93年当時なら「ドラフトの骨抜き」が最大の目的で、それが実現したらアマチュアの選手が巨人を選ばないわけがないという驕りがあった。

巨人が率先して導入した三軍制度にも〝理念先行〟の匂いがある。とくに過去2年は、どういう選手を獲るかより、四国アイランドリーグやBC（ベースボールチャレンジ）リーグなど独立リーグの受け皿になろうとする意識のほうが強いのではないか（15年の育成ドラフトで巨人は8人指名し、7人が独立リーグの選手だった）。

それにくらべ、逆指名ドラフト（のちに自由枠、希望枠と名称が変わる）にしても三軍のための育成ドラフトにしても、ソフトバンクはどういう選手を獲るのか、という実戦部分のみにこだわった指名をしてきた。ドラフトに臨むときの動機付けがシンプルで、スカウト陣が動きやすいというのが巨人と異なる大きなポイントである。

●西武黄金時代の礎となった根本陸夫の〝攻めのドラフト〟

最初に、根本陸夫を「希代のフロントマン」と紹介し、根本によってダイエーのドラフトは変わったと書いた。根本が西武とダイエーでやったドラフトは「バランス型指名」と言ってよく、それに対して多くの球団は「偏重型指名」を繰り返してきた。

バランス型指名とは文字通り、一方に偏らずバランスの取れた指名、と考えてもらっていい。投手だけでなく野手にも目を配り、即戦力の可能性のある大学生や社会人に偏らず、3年先、4年先の戦力として高校生にも目を配る、そういう指名である。多くの人はそれが当たり前だと考えるが、ここに「指名順位」というファクターを加えると球団間で大きな差が出てくる。根本がクラウンライター・西武の監督、管理部長時代にやった上位指名を次に紹介しよう。

77～80年はクラウンライターの監督時代（81年まで就任。81年オフのドラフトはフロントとして担当）で、1、2位の上位指名8人のうち、投手は4人、野手は4人、大学生・社会人は6人、高校生は2人で、やや即戦力に比重がかかっている。

77年オフにクラウンライターの監督就任が決まり、翌78年オフのドラフトは西武の監督としてドラフトの陣頭指揮を執った。つまり弱小球団の指揮官だった4年間は、後年〝寝業師〟の異名を取る根本にしても即戦力をほしがる平凡な指揮官だったということだ。

それが、監督の座を広岡達朗に譲り、管理部長としてフロント業務に専念すると、バランス型指名が目立つようになる。まず1981～88年の8年間を見てみよう。

上位指名16人のうち野手は11人で、高校生は10人と多数派を占める（定時制の熊本工から所沢高に転校し、西武球団の職員として在籍していた伊東は高校生としてカウント）。他球団では、高校生の上位指名が中日11人、近鉄、巨人が西武と同じ10人だが、野手の上位指名で西武に続くのは近鉄、ヤクルト、広島の7人で、西武とはかなり差がある。ここ

西武黎明期に根本陸夫監督が敢行したドラフト

1977年	1位　江川　卓（法政大・投手） 2位　山本隆造（近畿大・内野手）
1978年	1位　森　繁和（住友金属・投手） 2位　柴田保光（あけぼの通商・投手） ※ドラフト外　松沼博久（東京ガス・投手）、松沼雅之（東洋大・投手）
1979年	1位　鴻野淳基（名電高・内野手） 2位　田鎖博美（盛岡工・投手）
1980年	1位　石毛宏典（プリンスホテル・内野手） 2位　岡村隆則（河合楽器・外野手） ※ドラフト外　秋山幸二（八代高・投手→内野手）

バランス型指名が目立つ1981～88年の西武ドラフト

1981年	1位　伊東　勤（西武球団職員・捕手） 2位　金森栄治（プリンスホテル・捕手） ※ドラフト6位　工藤公康（名電高・投手）
1982年	1位　野口裕美（立教大・投手） 2位　笘篠誠治（上宮・内野手）
1983年	1位　渡辺久信（前橋工・投手） 2位　辻　発彦（日本通運・内野手）
1984年	1位　大久保博元（水戸商・捕手） 2位　田辺徳雄（吉田・内野手）
1985年	1位　清原和博（PL学園・内野手） 2位　山野和明（鎮西・外野手）
1986年	1位　森山良二（オノフーズ・投手） 2位　中村日出夫（三養基・内野手）
1987年	1位　鈴木　健（浦和学院・内野手） 2位　上田浩明（北陽・内野手）
1988年	1位　渡辺智男（NTT四国・投手） 2位　石井丈裕（プリンスホテル・投手）

即戦力志向が目立つ1989～92年の西武ドラフト

1989年	1位　潮崎哲也（松下電器・投手） 2位　鈴木　哲（熊谷組・投手）
1990年	1位　長見賢司（伊丹西・投手） 2位　奈良原　浩（青山学院大・内野手）
1991年	1位　竹下　潤（駒沢大・投手） 2位　新谷　博（日本生命・投手）
1992年	1位　杉山賢人（東芝・投手） 2位　前田勝宏（プリンスホテル・投手）

に根本陸夫ならではの攻めの姿勢が読み取れる。

6球団の岡田彰布（早稲田大・内野手）、清原和博、4球団の森繁和、高野光（東海大・投手）、3球団の広沢克己（明治大・内野手）など、複数球団の競合が予想される大物にも敢然と立ち向かい、大学生の岡田、高野、広沢を抽選で外しても岡田の外れ1位は鴻野淳基、高野の外れ1位は渡辺久信、広沢の外れ1位は大久保博元と高校生の指名に舵を切り（鴻野と大久保は野手）、「70点狙い」の指名をよしとしなかった。そういう攻めの姿勢が、3連覇が途絶えた89年になくなった。

西武時代の最晩年、上位8人の中に高校生と野手は1人しかおらず、大学生と社会人の投手が6人もいる。すぐ使えそうな大学生、社会人の投手をほしがるのは監督の性で、86～88年まで3連覇を達成している森祇晶監督の発言力が増し、根本の権限が絶対的でなくなったことが推察できる。この根本を93年、監督に招聘したのが球界に参画して5年目のダイエーだった。

逆指名導入後のダイエーの指名

[ダイエー監督時代]

1993年	1位　渡辺秀一（神奈川大・投手）
	2位　小久保裕紀（青山学院大・内野手）
1994年	1位　城島健司（別府大付・捕手）
	2位　斉藤　貢（プリンスホテル・投手）

[ダイエーフロント時代]

1995年	1位　斉藤和巳（南京都・投手）、2位　松本　輝（熊本工・投手）
1996年	1位　井口忠仁（現在の資仁、青山学院大・内野手）
	2位　松中信彦（新日鐵君津・内野手）
	3位　柴原　洋（九州共立大・外野手）
1997年	1位　永井智浩（JR東海・投手）
	2位　篠原貴行（三菱重工長崎・投手）
1998年	1位　吉本　亮（九州学院・内野手）
	2位　松　修康（東北福祉大・投手）

●ダイエーで復活した根本マジック

クラウンライター・西武時代は監督を4年間務めたあとにフロント入りし、ダイエーでは2年間監督を務め、95年に王貞治にその座を譲ったあとは球団社長としてフロント入りした。根本にとって重要なのはフロントとしての実績だけである。監督時代の不成績などのちにフロント入りすることが既定路線の根本にとってはどうでもいいことで、西武時代と同様にホークスを強いチームに生まれ変わらせる、それが根本に課せられた使命だった。

西武晩年は森監督の発言力の増大とともに目指すチーム作りができなかった根本だが、その鬱憤を晴らすような指名をダイエー監督就任1年目の93年から実践した。繰り返しになるが、この93年は大学生と社会人に限り、1球団2人まで入りたい球団を選べる「逆指名」が導入されている。

この6年間に上位で指名した12人のうち野手は5人、高校生は4人である。野手を6人指名した巨人はさすがだが高校生は1人しかいない。有力大学生と社会人を獲得しやすい環境にある以上、高校生は3位以下で獲得すればいいという考えが透けて見え、その辺の事情は資金力のあるダイエーも変わらない。

逆指名ドラフトを活用してのし上がった球団だけに、高校卒の成功選手は阪神、西武、中日に及ばない。しかし、もう一つの指標「野手の上位指名」を見ると、他球団をしのぐ顔ぶれが揃っている。西武を強豪球団にした根本マジックの真骨頂を見る思いだ。

逆指名ドラフトを有利に展開できる環境にあっても高校卒の城島や斉藤を一流に育て上げ、日本代表クラスの小久保、井口、松中を、アマチュア時代の実績通りにプロでも一流選手に育て上げた。小久保が本塁打王、打点王各1回、井口が盗塁王2回、松中が首位打者、本塁打王各2回、打点王3回（三冠王1回）、城島が最優秀選手（MVP）1回、メジャーで活躍が井口、城島という実績は他球団をはるかにしのぐ。

王監督就任2年目の96年には前にも書いたように1～3位まですべて野手という指名

だった。この年、ダイエーは最下位に沈んでいる。南海時代から数えると19年連続Bクラスという不名誉である（Bクラスは翌97年まで続く）。

この96年の勝ち頭は武田一浩の15勝8敗で、それに続くのはヒデカズ（渡辺秀一）の9勝5敗、工藤公康の8勝15敗などで、王監督が即戦力投手を熱望するのは当然だ。それでも根本の判断は野手の上位指名だった。王は激怒したが、時間が経てばこのときの指名がその後、どれだけホークスの力になったかわからない（カッコ内の年数はホークスでの実働期間）。

◇井口資仁（8年）打率・271（安打860）、本塁打149、打点507、盗塁159（メジャーで494安打、帰国後のロッテで831安打、日米通算2185安打）
◇松中信彦（19年）打率・296（安打1767）、本塁打352、打点1168
◇柴原　洋（15年）打率・282（安打1382）、本塁打54、打点463

実働最長の松中に合わせると、彼が在籍した1997～2015年までの19年間で優勝は7回、日本一も5回している（勝率1位は9回）。1度のドラフトでその後の主力打者3人を獲得するというのは他球団でも数えるほどしかない。それを根本陸夫とスカウト陣はやった。

2016年の主な野手陣容

捕手	細川亨（11年西武ＦＡ）、鶴岡慎也（14年日本ハムＦＡ）、高谷裕亮（06年大社３巡）
一塁	内川聖一（11年横浜ＦＡ）、明石健志（03年４巡）
二塁	本多雄一（05年大社５巡）、牧原大成（10年育成５位）
三塁	松田宣浩（05年希望枠）
遊撃	今宮健太（09年１位）、髙田知季（12年３位）
左翼	中村晃（07年高校生３巡）、江川智晃（04年１巡）
中堅	柳田悠岐（10年２位）、城所龍磨（03年２巡）
右翼	福田秀平（06年高校生１巡）、吉村裕基（13年横浜トレード）
DH	長谷川勇也（06年大社５巡）

※年次はFAが移籍年、他はドラフト開催年。巡・位は指名順位

●常に将来をにらんだ危機管理

この希代のフロント、根本陸夫の遺産は現在のソフトバンクに受け継がれている。まず、２０１６年現在の攻撃陣の顔触れを見よう。

17人中、捕手の細川、鶴岡、一塁の内川がＦＡ権を行使しての移籍組で吉村がトレード、あとの13人はすべてドラフトを経ての生え抜きである。90年代中盤、ＦＡ権を行使した石毛宏典、秋山幸二、工藤公康（いずれも西武）を強奪したイメージが強く、豊富な資金力を背景に他球団の主力選手をＦＡで獲りまくる球団、という先入観が出来上がっているが、現在はドラフトを経てファームで育成された選手が中心にいる。

2016年の主な投手陣容

◇先発型◇
和田毅（02年自由枠→16年メジャー復帰）、大隣憲司（06年希望枠）、山田大樹（06年育成1位）、攝津正（08年5位）、千賀滉大（10年育成4位）、武田翔太（11年1位）、東浜巨（12年1位）、寺原隼人（13年オリックスＦＡ）、中田賢一（14年中日ＦＡ）
◇リリーフ型◇
森福允彦（06年大社4巡）、岩嵜翔（07年高校生1巡）、飯田優也（12年育成3位）、森唯斗（13年2位）、岡本健（13年3位）、五十嵐亮太（13年メジャー復帰）

主力野手のうち上位指名は松田、江川、福田、柳田、城所、今宮の6人で、このうち江川、福田、城所、今宮が高校卒だ。〝スカウトの遊び心〟が感じられる布陣と言っていいだろう。投手陣も見てみよう。

生え抜き中心の野手にくらべ多方面から人材を補強しているのがわかる。メジャーから復帰した和田、五十嵐、ＦＡ権を行使した中田、寺原、ドラフト上位指名の武田、東浜、大隣、岩嵜、森、下位指名の攝津、森福、岡本、そして育成選手からのし上がった千賀、飯田という具合である。

さらにソフトバンク投手陣はこれまでに名前を出した選手だけでは将来予測がつかない、という点で他球団とは事情が異なる。すでに主力として投げている武田、千賀（ともに今季で23歳）、森（24歳）以外でも、小澤怜史（18歳）、高橋純平（19歳）、松本裕樹（20歳）、笠原大芽（21歳）という若手の有望株が控えているのだ。

過去3年のドラフトでソフトバンクは他球団がやれない、3年間13人の高校生指名を敢行した（育成ドラフトを除く）。すでに在籍している選手が一流選手ばかりなので即戦力候補は必要ない、そういうことだろう。ソフトバンク投手陣の充実ぶりが伝わってくる指名だ。

投手王国を誇っていた中日がわずか3年で人材を枯渇させる、それが投手の怖さである。だから常に将来を見据えて人材を補強する。ＦＡで選手流出の憂き目を見てきたパ・リーグ各球団の戦略が、豊富な資金力を持つソフトバンクにも備わっていることに驚かされる。

第4章

巨人の迷いはセ・リーグ各球団の迷いになる

●ＦＡ補強3選手！

読売ジャイアンツ（以下、巨人）は16年のシーズンオフ、最も補強をした球団と言われる反面、補強により若手の活躍する芽が摘まれると懸念する声も多い。ＦＡ補強した顔ぶれは陽岱鋼（外野手・日本ハム）、山口俊（投手・ＤｅＮＡ）、森福允彦（投手・ソフトバンク）の３人。

これでレギュラー候補は、捕手＝小林誠司（13年ドラフト1位）、一塁手＝阿部慎之助（00年ドラフト1位）、二塁手＝クルーズ（16年ロッテから移籍）、三塁手＝村田修一（12年ＤｅＮＡからＦＡ移籍）、遊撃手＝坂本勇人（06年高校生ドラフト1位）、左翼手＝ギャレット（16年ヤンキースから移籍）、中堅手＝陽岱鋼、右翼手＝長野久義（09年ドラフト1位）という顔ぶれになり、ドラフト2位以下の入り込む余地がなくなった。

巨人はどこに向かって進んでいるのだろうか。巨人のチーム作りの迷いは巨人だけの迷いにはならない。巨人のチーム作りをどこかで模範にしている、セ・リーグの他の5チームの迷いにもなっていく。「盟主」という言葉を巨人はもう一度思い返し、その言葉の重さをかみしめるべきである。

●巨人GM・清武英利の仕事

巨人は他球団の主力を積極的に獲得する半面、育成選手の獲得にも余念がない。育成選手とは、手っ取り早く言えば三軍選手のことだ。入団しても支配下登録されない、つまり、一軍の試合には出場できず、背番号は1、2桁台が許されず、3桁（100番台）を背負う。金銭的には支配下ドラフトを経て入団する選手は最高1億円＋出来高5000万円の契約金を手にできるのに、育成選手は「支度金」として300万円、さらに年俸は支配下の最高1500円に対して240万円と、どこまでも差をつけられている。

ちなみに、育成選手として入団して3年間を過ごし、翌年も支配下選手として契約されない場合は、自動的に自由契約選手となる。この特約でソフトバンクから中日に移籍して中心選手になったのが亀澤恭平（内野手）である。

この育成制度のおかげでプロ野球の門戸はだいぶ広がった。巨人が2006年の育成ドラフト3巡で指名した松本哲也（専修大）は、獲得を巡って球団内では反対意見が多かった。上背がない（168センチ）、非力というのが反対意見の主な理由で、担当スカウトの藤本茂樹は「育成ドラフトがあったから獲得しやすかった。育成ドラフトがなかったらどうなったかわかりませんね」と話している（前出書『巨魁』より）。

育成ドラフトがスタートした05年に山口鉄也（アメリカ独立リーグ）、06年に松本が巨人から指名を受け、ともに08、09年のセ・リーグ最優秀新人に輝き、〝金満球団〟と言われた巨人は一躍〝育成の巨人〟の異名を取るようになる。広島とともに育成ドラフト導入に尽力した巨人なら当然だが、それまでの巨人はドラフトで獲得する選手に「大学ナンバーワン」や「甲子園のスター」などネームバリューを求めていた。

高田繁（67年1位・明治大）、定岡正二（74年・鹿児島実）、原辰徳（80年・東海大）、桑田真澄（85年・PL学園）、松井秀喜（92年・星稜高）たちがそういう選手で、〝空白の一日〟を経て入団した江川卓（78年）もアマチュア時代から大騒ぎされていた。

以上の選手を獲得した年度を見てほしい。5～7年周期でしかアマチュアの有名選手を獲れていないのだ。巨人の「ドラフトがなければ」の思いが読み取れる。それでも抽選などで獲得にこぎ着け、成功選手に育て上げているのだから、アマチュアのときからプレッシャーを味方にしてきたような選手は巨人と相性がいいのだろう。

この相性のよさは逆指名制度が導入された93年以降も変わらない。河原純一（94年・駒沢大）、高橋由伸（97年・慶應大）、上原浩治（98年・大阪体育大）、阿部慎之助（00年・中央大）、木佐貫洋（02年・亜細亜大）など大騒ぎされた選手ほど巨人では活躍している。そして、育成ドラフトで獲得した無名の選手も活躍している。２０１０年前後の巨人は現在のソフトバンクのような懐の深さで他球団から一目置かれていた。

この時期、編成の先頭に立って陣頭指揮していたのが清武英利・球団代表兼編成本部長だ。渡邉恒雄元オーナーとの確執で読売を去ったあと、友人の紹介で酒席をともにしたことがあるが、巨人時代の悪評（こわもて、ナベツネ2世など）が嘘のような気持ちのいい酒だった。悪評は代表時代に恫喝したマスコミ関係者によって広められたようだが、２つの顔を使い分けないと毀誉褒貶の激しい巨人の舵取りはできなかったということだろう。

週刊ベースボールに隔週連載していた『野球は幸せか！』や前出の『巨魁』（ＷＡＣ）を読めばわかるが、清武は「情」の人である。巨人のフロントトップとして育成制度を作り、他球団との三軍混成チーム「フューチャーズ」を創設するなどフロントトップとしての手腕を発揮する中で、「情」の人はどんどん野球の魅力に引き込まれていく。ＦＡ権を取得した小笠原道大（当時、日本ハム）から「巨人はどうして自分を必要としているのか。きちんと説明してほしい」と言われたときには次のような手紙を書いている。

「私は若手には『chin up』と言うことにしています。『chin up』とは『元気を出せ、気落ちするな』という意味だそうで、『keep your chin up』というように使うのだと聞きました。私たちはいま、胸を張ることはできない現状だけれど、あご先をあげることはできます。あなたは、いつも『個』を殺しながら、あご先をあげて生きているように見えます。私は、泥にまみれつつも誇りを失わない人を、巨人再生の精神的支柱として迎え入れたいと思ってきました」

これを読んで私は「多情仏心」という言葉を思い出した。慈悲深く、情が深いという意味で、負の部分では移り気という意味もある。この「情」の人の2006～11年の役職は「球団代表兼編成本部長」で、「GM」という表記は名鑑類やメディアガイドには載っていない。編成本部長は実質GMだから文句はないが、清武自身は「GM」と呼ばれるほうを好んでいたようだ。硬質な響きのある「編成本部長」より、選手に密着し、寄り添うような響きのある「GM」のほうが親しめたのだろう。

彼はチーム作りの思想的な部分では長嶋茂雄監督時代の各球団の4番をかき集めた「大艦巨砲主義」を否定し、ファームから輩出された生え抜きが主力を占める、若さ溢れるチームを目指していた。私の知る限りでは、そういう方向性を持ったフロントは巨人には1人もいなかった。前出の『巨魁』にはこんなことも書いている。

「『巨人は強奪球団だ』『金満経営じゃないか』／ネット上でそうやり込められて、巨人ファンは劣勢であった。私はそんな論争でもファンが胸を張れるようなチームにしたい」

この清武を2011年11月18日、渡邉は巨人のすべての役職から解任した。

●清武が去って大艦巨砲主義が蘇った

清武は渡邉のチーム作りを「改革を目指す球団職員たちと努力すればするほど、渡邉オーナー時代の大艦巨砲主義と補強策を否定することになっていった」と批判している。その清武が巨人のフロントでなくなるということは大艦巨砲主義が復活するということである。清武が読売を去った12年以降の主な移籍選手の顔ぶれを見ていこう。

12年　杉内俊哉（投手・ソフトバンク）、ホールトン（投手・ソフトバンク）、
　　村田修一（三塁手・DeNA）
14年　大竹寛（投手・広島）、井端弘和（遊撃手・中日）、
　　片岡治大（二塁手・西武）
15年　相川亮二（捕手・ヤクルト）、金城龍彦（外野手・DeNA）
16年　脇谷亮太（内野手・西武）、クルーズ（二塁手・ロッテ）
17年　山口俊（投手・DeNA）、森福允彦（投手・ソフトバンク）
　　吉川光夫（投手・日本ハム）

清武がチームを去ったのちに補強したのは外国人、井端、吉川を除けばFA権を行使して移籍した選手ばかりである。前で、FA移籍で選手が出た球団と、入った球団の成績を見くらべ、流出した球団で成績を落としたのが6例、横這いが6例、成績を上げたのが7例と紹介した。では12年～16年の巨人はどうだろう。

12年　前年3位↓日本一

14年　杉内……ソフトバンク＝日本一→3位、村田……DeNA＝6位→6位
　　　前年1位→1位
　　　大竹寛……広島＝3位→3位、片岡……西武＝2位→5位
15年　前年1位→2位
　　　相川……ヤクルト＝6位→1位、金城……DeNA＝5位→6位
16年　前年2位→2位
　　　脇谷……西武＝4位→4位

杉内、村田は確実にチームを上昇に導いた。しかし、杉内の過去5年の成績は39勝22敗で、昨年は登板が1試合もなかった。村田は打率・276、本塁打95、打点333で、1シーズン平均では打率・276、本塁打19、打点67という平凡な数字だ。大竹寛の過去3年の成績は18勝16敗、片岡は1シーズン平均、打率・246、本塁打6、打点24、盗塁16。大金を使ってこれだけしか成果が出ていないのか、とは言わない。それよりも問題は、彼らの加入で若手の出番が確実に減ったことだ。

●ＦＡ補強をしても勝てない球団、選手が流出しても優勝する球団

巨人は優勝できなかったその年のシーズンオフ、必ずと言っていいほどＦＡ補強をする。首位広島に17・5ゲーム差の2位で終えた２０１６年のシーズンオフ、当然のようにＦＡの嵐は吹きまくった。

日本ハムの吉川光夫、石川慎吾を大田泰示、公文克彦との複数トレードで獲得すると、ＦＡ権を行使した山口俊（投手・ＤｅＮＡ）、森福允彦（投手・ソフトバンク）、陽岱鋼（外野手・日本ハム）を獲得し、ここに史上初のＦＡ選手３人獲得が実現した。

各メディアは「巨大補強」と皮肉を交えながらも一定の評価を与えているようだが、本当だろうか。ＦＡ選手を獲得して成績が上昇したのか下降したのか、逆に選手を獲られた球団の成績が下降したのか上昇したのか検証してみよう。

結論を言うと、ＦＡ選手を獲得して成績が上がったのが11例、逆に成績が下降したのが7例ある（横這い1例）。ＦＡは成果が出ているようだ。それでは選手を獲られた側はどうだろう。成績が下降したのが6例、逆に成績が上昇したのが7例、成績横這いが6例で

ある。FAで主力選手を獲られても、それほど痛手を被っていない球団が多い。

獲ったほうも獲られたほうも好成績、という年がある。07年に小笠原道大を獲得した巨人は前年の4位からリーグ優勝まで駆け上がった。06年は30本塁打以上が41本塁打の李承燁1人だけだったのが、翌07年は李、高橋由伸、阿部慎之助、小笠原が30本塁打以上を放ち、チーム総本数191本は2位ヤクルトの139本を50本以上離すダントツぶり。小笠原の加入が打線に火をつけた格好だ。

主砲が流出した日本ハムはチーム本塁打が135本から73本に減り、チーム打率・269は1分下げて・259。防御率は3・06から3・22になり、2ケタ勝った投手はダルビッシュ有（15勝5敗）だけ。それでも攻撃面では、確実に走者を得点圏に進めるスモールベースボールを展開、大方の予想を裏切ってリーグ2連覇を達成した。ちなみに、巨人はペナントレース2位の中日にCS（クライマックスシリーズ）で敗退し、日本シリーズ出場が叶わなかった。

獲ったほうが成績を落とし、獲られたほうが成績を上げるという逆転現象もあった。94年に巨人の駒田徳広を獲得した横浜が最下位に落ち、巨人が日本一になったケースだ。巨人が中日の落合博満を獲得した年で、落合に押し出される形で駒田が横浜に移籍しているという事情はあるが、興味深いケースだ。

翌95年の川口和久のケースは、獲られた広島が前年の3位から2位に成績を上げ、獲得した巨人が日本一から3位に成績を下げた。広島はこの時期、のちにFAでチームを去る江藤智、金本知憲が健在で、野村謙二郎、正田耕三、前田智徳、緒方孝市らとリーグ屈指の打線を形成していた。下降期に差し掛かっていた川口の離脱は大した痛手ではなかったということだ。

この95年、巨人はヤクルトの広沢克己も獲得し、さらに直近の3年間で86本塁打を放ったハウエルも強奪している。これほど補強しても巨人は日本一から3位に成績を落としヤクルトは2年ぶりの日本一に輝いている。広沢の穴は前阪神のオマリー、ハウエルの穴は新外国人のミューーレンが埋め、投手陣は山部太、ブロス、石井一久、吉井理人、伊東昭光が10勝以上挙げ、3位巨人に10ゲーム差をつけて圧勝した。

●清原和博は1シーズン、80安打、21本塁打の選手

獲った球団と獲られた球団の翌年の成績を第2章広島の章でも紹介したが、ここではさ

らに詳しく紹介したい。ＦＡ権を行使した選手が流出してチームが最下位に沈んでいるケースは、02年横浜（谷繁元信→中日）、11年横浜（内川聖一→ソフトバンク）、12年ＤｅＮＡ（村田修一→巨人）の3例。いずれも暗黒時代の底で呻いていた横浜、ＤｅＮＡで、チーム全体が落ち込んでいるときにＦＡで選手が流出するとひとたまりもないという好例だ。

２０１６年オフで例えるなら、中日がＦＡ権の行使が噂されていた大島洋平、平田良介（ともに外野手）に飛び出されていたら同じような状況を迎えていただろう。危うく中日は横浜、ＤｅＮＡの二の舞を踏むところだった。

獲られた球団が日本一になったのが、08年の西武だ。打率・３１５、18本塁打の和田一浩がＦＡで中日へ、さらに27本塁打のカブレラがオリックスに移籍しながら日本一になった。この年、中村剛也《たけや》が46本塁打で覚醒、以下中島裕之、ブラゼル、Ｇ・Ｇ・佐藤、ボカチカも20本塁打以上放ち、圧倒的な長打力で他球団をねじ伏せた。西武は松井稼頭央がメジャーに移籍した04年にも2位から日本一に成績を上げているので逆境に強い。

昨年はポスティングシステムを活用してメジャーに挑戦した前田健太の穴を黒田博樹、ジョンソン、野村祐輔で埋めた広島が25年ぶりの優勝を遂げた。エースがいなくなっても準備をしっかりしていれば大きな穴にならないという見本である。

FA補強した球団と流出した球団の翌年の成績比較

◇駒田徳広（'94年巨人→横浜）
巨人３位→☆優勝　横浜５位→６位
◇落合博満（'94年中日→巨人）
中日２位→２位　巨人３位→☆優勝
◇工藤公康（'95年西武→ダイエー）
西武１位→３位　ダイエー４位→５位
◇川口和久（'95年広島→巨人）
広島３位→２位　巨人☆優勝→３位
◇広沢克己（'95年ヤクルト→巨人）
ヤクルト４位→☆優勝　巨人☆優勝→３位
◇清原和博（'97年西武→巨人）
西武３位→優勝　巨人優勝→４位
◇江藤智（'00年広島→巨人）
広島５位→５位　巨人２位→☆優勝
◇谷繁元信（'02年横浜→中日）
横浜３位→６位　中日５位→３位
◇金本知憲（'03年広島→阪神）
広島５位→５位　阪神４位→優勝
◇小久保裕紀（'04年ダイエー→巨人　＊無償トレード）
ダイエー☆優勝→２位　巨人３位→３位
◇小笠原道大（'07年日本ハム→巨人）
日本ハム☆優勝→優勝　巨人４位→優勝
◇新井貴浩（'08年広島→阪神）
広島５位→４位　阪神３位→２位
◇和田一浩（'08年西武→中日）
西武５位→☆優勝　中日☆２位→３位
◇石井一久（'08年ヤクルト→西武）
ヤクルト６位→５位　西武５位→☆優勝
◇内川聖一（'11年横浜→ソフトバンク）
横浜６位→６位　ソフトバンク優勝→☆優勝
◇村田修一（'12年横浜→巨人）
横浜６位→６位　巨人３位→☆優勝
◇杉内俊哉（'12年ソフトバンク→巨人）
ソフトバンク☆優勝→３位　巨人３位→☆優勝
◇涌井秀章（'14年西武→ロッテ）
西武２位→５位　ロッテ３位→４位
◇中田賢一（'14年中日→ソフトバンク）
中日４位→４位　ソフトバンク４位→☆優勝

☆印は日本一

さて、この19例のうち巨人が獲得側に回っているのが9例あり、続いてソフトバンク、ダイエーが3例、阪神、中日が2例と続く。ＦＡの主役は今も昔も巨人だが、資金を投下している割に見返りは少ない。

9例中、優勝は4回（同年に移籍した杉内と村田で1回とカウント）。優勝の確率は5割弱と高いが、強さと移籍選手の好成績が長く続かないのが特徴。ファンやマスコミからのプレッシャーが強い巨人でプレーすることの難しさもあるが、ピークを前球団で迎えていることも見逃せない。

巨人とともにＦＡ補強をしているのが阪神で、こちらはさらに機能していない。この19例中には紹介していないが、石嶺和彦（94年オリックス）、山沖之彦（95年オリックス）、星野伸之（00年オリックス）、片岡篤史（02年日本ハム）、小林宏之（11年ロッテ）と失敗が多い。移籍後の成績が極端に悪いのでデータに加えなかったが、これを見ると金本、新井がいかに数少ない実りだったかわかる。

巨人はＦＡの成功確率が阪神にくらべて高いが、移籍選手の巨人での通算成績はパッとしない。1シーズン平均に換算するとどうなるのか次頁の別表とともに追いかけると——。

落合博満はロッテ時代に全盛期を迎えていることがよくわかる。中日時代も力を維持し

巨人に移籍した主な選手の１シーズンに換算した成績

＜野手＞
落合博満（94～96年）
ロッテ　（８年）打率.332、安打119、本塁打30、打点82
中日　（７年）打率.307、安打130、本塁打30、打点89
巨人　（３年）打率.296、安打121、本塁打18、打点73
広沢克己（95～99年）
ヤクルト　（10年）打率.270、安打130、本塁打23、打点72
巨人　（５年）打率.259、安打 59、本塁打11、打点36
清原和博（97～05年）
西武　（11年）打率.277、安打123、本塁打30、打点83
巨人　（９年）打率.266、安打 80、本塁打21、打点64
江藤　智（00～05年）
広島　（10年）打率.279、安打101、本塁打25、打点67
巨人　（６年）打率.256、安打 78、本塁打17、打点49
小久保裕紀（04～06年）※無償トレードで巨人移籍
ダイエー　（９年）打率.274、安打112、本塁打25、打点77
巨人　（３年）打率.287、安打124、本塁打31、打点79
小笠原道大（07～13年）
日本ハム　（10年）打率.320、安打134、本塁打24、打点73
巨人　（７年）打率.296、安打106、本塁打20、打点59
村田修一（12年～）
横浜　（９年）打率.266、安打122、本塁打28、打点81
巨人　（５年）打率.276、安打133、本塁打19、打点67

＜投手＞
川口和久（95～98年）
広島　（14年）25試合、９勝９敗、防御率3.30
巨人　（４年）21試合、２勝３敗、防御率4.32
杉内俊哉（12年～）
ダイエー　（10年）23試合、10勝６敗、防御率2.92
巨人　（５年）18試合、８勝４敗、防御率3.03

ているが、巨人に移籍したときは41歳になっていて、1シーズンに換算すると30本塁打を打っていた選手が18本しか打てなくなり、打率も3割を切っていた。数字だけ見れば横浜に弾き出された駒田徳広とほとんど変わらないが、巨人はチームの変化を選手の顔ぶれの違いで外に示さなければならない（身内の渡邉恒雄元オーナーにも示さなければならない）。そういう部分に多額の金銭を投下するというのは今も変わりない巨人のつらい事情である。

要するに、巨人は臆病なのである。FAで獲得した巨人の選手に点数をつければ落合70点、広沢40点、清原55点、江藤50点、小笠原85点、村田70点、川口30点、杉内70点くらいだろう。これだけFA選手を獲って、平均して60点くらいの結果が出続けていれば、FAが大きな果実をもたらさないことはわかっている。それでもFA選手を獲るのは60点とわかっていることとの安心感が向かわせるのだと理解できる。

また巨人のFA戦略は獲得する選手の実質的な貢献より、獲得する選手が流出することによる移籍前球団の戦力低下を狙っている部分もある。もちろん、こういうやり方でチームが本当に強くなるわけではなく、日本ハムに代表されるように、チーム内の新陳代謝を促すためにFAを利用している球団もある。巨人や阪神はうまく利用されていると思う。

●ＤｅＮＡの若手抜擢が目立つ裏で進む筒香嘉智のメジャー移籍

２０１５年12月に上梓した『間違いだらけのセ・リーグ野球』（廣済堂新書）という本の中で05年以降のセ、パの抜擢年数を比較した。抜擢の基準は次の通りだ。

◇投手……14試合、５勝（ダルビッシュ有の1年目の成績を参考）
◇打者……80試合、60安打（中村剛也の4年目の成績を参考）

打者の基準は80試合か60安打のどちらか一方をクリアしていれば及第点とした。その結果セが14人（平均抜擢年数＝３・２９年）、パが17人（平均抜擢年数＝３・１２年）だった。

パのほうが抜擢する年数が早いのは、ＦＡ制度の導入やポスティングシステムのため主力選手ほどチームを出て行くケースが多かったからだ。後継者を早く準備し、選手が出たら早く抜擢しなければチームが戦えない、そういう切羽詰まった事情がチーム内に理想的な新陳代謝をもたらしたと言っていいだろう。

昨年ブレークした選手も比較してみよう（カッコ内の数字は一軍定着に要した年数）。

◇セ・リーグ
巨人……田口麗斗（3年・投手）、小林誠司（3年・捕手）
DeNA石田健大（2年・投手）、今永昇太（1年・投手）、戸柱恭孝（1年・捕手）、
　宮﨑敏郎（4年・二塁手）、桑原将志（5年・外野手）
阪神……岩貞祐太（3年・投手）、北條史也（4年・遊撃手）、髙山俊（1年・外野手）
中日……杉山翔大（4年・捕手）、高橋周平（5年・内野手）

◇パ・リーグ
日本ハム……加藤貴之（1年・投手）、高梨裕稔（3年・投手）
ソフトバンク東浜巨（4年・投手）
ロッテ……関谷亮太（1年・投手）、二木康太（3年・投手）
西武…………多和田真三郎（1年・投手）
楽天…………茂木栄五郎（1年・遊撃手）
オリックス…若月健矢（3年・捕手）、西野真弘（2年・二塁手）、
　吉田正尚（1年・外野手）

パが10人、セが12人と逆転している。セの監督は若手を抜擢しない限り新陳代謝が遅れ、チーム力でパに後れを取るということを過去12年間の交流戦で嫌というほど思い知らされている。さらに過去14年間の日本シリーズはパ・リーグの11勝3敗という圧倒的な差をつけられている。このままではパ・リーグのファームになってしまうという危機感がセのフロントや監督・コーチの背中を押し、リーグ全体に若手抜擢の機運を盛り上げているのではないか。

昨年、セで最も若手・中堅の抜擢が目立ったのがDeNAだ。15年と16年のレギュラーの顔ぶれをくらべるとラミレス監督のチームを変える覚悟がうかがえる。

２０１５年→２０１６年

（捕）嶺井博希→戸柱恭孝
（一）ロペス→ロペス
（二）石川雄洋→宮﨑敏郎
（三）バルディリス→エリアン
（遊）倉本寿彦→倉本寿彦

（左）筒香嘉智→筒香嘉智
（中）荒波翔→桑原将志
（右）梶谷隆幸→梶谷隆幸

ディフェンスで最も重要視される〈捕手→二塁→中堅〉のセンターラインを思い切り変更しているのがわかる。捕手は新人の戸柱、二塁手は4年目の宮﨑という布陣、生半可な覚悟でできることではない。ＤｅＮＡが思い切ったチーム内改造に着手できるのは、筒香嘉智という大きな柱が立っているからではないか。

例えば、86～93年まで8年間で6回日本一になった西武は秋山幸二、清原和博の和製大砲二門を中心に据え、内・外野の陣容をディフェンス型に変えていった。90年に広沢克己、池山隆寛がいたヤクルトの監督になった野村克也も飯田哲也を二塁手（翌年に中堅にコンバート）、新人の古田敦也を捕手に据え、センターラインの強化に努めている。和製大砲が二門備わっていることで他のポジションをディフェンス優位で考えられるという余裕が生まれる。さらに、和製大砲は外国人より長くチームにとどまるので、長いスパンでチーム作りを考えることができる。ＤｅＮＡにもそういう機運が生まれつつある。

筒香は16年、打率・322（リーグ3位）、本塁打44（1位）、打点110（1位）という見事な成績で、リーグ二冠王に輝いている。スラッガーにありがちな〝走り惜しみ〟がなく、巨人とのCS（クライマックスシリーズ）第2戦では8回表、先頭打者として内野安打を放ち、このときの一塁到達タイムが4・22秒という速さだった。打つことだけが自分の使命だと思っている〝一拍子〟の強打者とはチームへの忠誠心で天と地の差がある。

不安はいつまで日本にいるのかということ。メジャー志向があり、MLBの評価も高いので、いつかは流出する覚悟が必要だが、その時期がいつかというのが問題。過去の一流打者はどのくらいの成績を残してからメジャーに移籍しているのだろうか。

青木　宣親（ヤクルト）	985試合、	1284安打、	打率・329
イチロー（オリックス）	951試合、	1278安打、	打率・353
川﨑　宗則（ソフトバンク）	1145試合、	1343安打、	打率・294
福留　孝介（中日）	1074試合、	1175安打、	打率・305
松井稼頭央（西武）	1159試合、	1433安打、	打率・309
松井　秀喜（巨人）	1268試合、	1390安打、	打率・304

日本人バッターがメジャーに移籍するまでに残した実績は、「1000試合、1200安打」が目安。これをクリアした時期がメジャーに移籍する時期だと思っていい。16年までの筒香の通算成績は「559試合、562安打、打率・286」で、直近2年は157→151安打なので、あと3年で通算1000安打に到達する。つまり日本でプレーするのは2019年までという計算になる。

筒香の後継者の準備はできているのだろうか。14年に初の20本塁打超えをしているのでここから準備をしなければならないが、この14年のドラフトから3年間、上位で野手を一人も指名していない（13年も上位2人は投手）。

この辺がパ・リーグの強豪球団との違いである。一流の成績を挙げたら、それは近い将来の流出のサインと思わなければいけない。セ・リーグとパ・リーグの差、それはこんなところにある。

●糸井嘉男の後継者を準備したオリックスの用意周到

流出が危惧される一流選手の後継者、という問題をもう少し考えてみたい。

パ・リーグでも近年、Bクラスに低迷することが多いオリックスは最近、若手の抜擢に積極的だ。16年限りで糸井嘉男（外野手）がＦＡ権を行使して阪神に移籍したが、日本ハム、オリックス時代の10年間で残した数字は「１１６６試合、１２５１安打、打率・３０１」なので胸を張ってチームをあとにできる。問題は糸井の後継候補をオリックスが準備してきたかということ。数こそ少ないが、15年のドラフトで吉田正尚《まさたか》（青山学院大・外野手）を1位入札しているのを見ると、糸井流出の危機感はあったと思っていい。

12月7日付の日刊スポーツ「野球の国から　２０１６」を読むと、16年のドラフト直前、オリックスフロントには田中正義（投手・創価大）の1位入札を推す声が強かったという。それが福良淳一監督の「開幕から投げられる社会人ナンバーワンの山岡泰輔（東京ガス）がほしい」のひと声でひっくり返ったという。

前年の15年にフロント主導で外野手の吉田正尚を1位入札で獲得しているわけだが、この日刊スポーツの記事には吉田正の指名を聞いた福良の「何それ？　俺、聞いてないよ」と反発する様子が書かれている。

これが伏線にあって右肩故障明けの田中正義より山岡の指名を福良監督が強く推したというオチにつながっていくのだが、吉田正の1位入札は糸井の移籍が現実的な脅威としてあっただけに大正解だと思う。

監督にドラフト戦略の権限を持たせるとすぐ使える投手ばかり指名する、とは前で書いた。それは将来のビジョンがないということで、フロントが機能していないことの裏返しでもある。日刊スポーツの記事はそういうオリックスの現状をよく表している。

前身の阪急時代から社会人を中心にチーム構成する球団で、１９７０年代には福本豊、加藤秀司《ひでじ》（ともに松下電器）などの野手陣、足立光宏（大阪大丸）、山田久志（富士鉄釜石）、山口高志（松下電器）などの投手陣を擁して、１９７５年から日本シリーズ３連覇という黄金時代を築いた。福良監督も大分鉄道管理局の出身だ。

現在、野手は西野真弘と安達了一の二遊間、投手はエース・金子千尋、東明大貴《とうめいだいき》、吉田一将など社会人の流れは続いているが、西勇輝、塚原頌平《しょうへい》（ともに投手）、若月健矢（捕手）、園部聡（一塁手）、T－岡田、駿太（ともに外野手）の高校卒、平野佳寿、松葉貴大（ともに投手）、大城滉二（内野手）、吉田正尚（外野手）の大学卒がいい具合に混ざり合って、上昇の気配を見せている。そのいい流れが監督にドラフトの権限を持たせることで中断するかもしれない。

糸井が阪神にＦＡ移籍して思うのは15年のドラフト1位で吉田正を獲ってよかった、ということ。もし吉田正がいなかったら糸井の穴は大きく空いたままになっていただろう。ちなみに、16年のドラフトで9人中6人が投手だった指名を振り返って福良監督は「いいドラフトだった。100点に近い」とコメントしている。監督がドラフトに関わるとどうしてもこういう反応になる。

●巨人に「右へならえ」のチーム作りがセ・リーグを停滞させている

パ・リーグ6球団の中で最も日本一から離れているのがこのオリックスだ。イチローがチームを牽引して巨人を4勝1敗で退けた96年が最後だからすでに20年以上経っている。セ・リーグはさらに遠く、85年の阪神、84年の広島が日本一から遠い。

セ・リーグの優勝回数を見ていると、不思議な気持ちになる。昔から巨人のライバルと言われてきた阪神が1950年以降、わずか5回しか優勝していないのだ（日本シリーズ制覇は1回）。やはりライバルと言われてきた中日は9回に過ぎない。

それに対してパ・リーグは強い球団が入れ替わっている。1950年代前半は南海（現ソフトバンク）が強く、少しあとに西鉄（現西武）との伯仲時代を迎え、60~70年代は阪急、80~90年代は西武、1999年以降にダイエー・ソフトバンクが全盛時代を迎え、現在は日本ハムと張り合う形になっている。

セ・リーグはと言うと、広島とヤクルトが強い時期が1度あったが実際は巨人との伯仲時代で、厳密に言えば67年間巨人の一強時代が続いている。

両リーグの優勝回数ランキングを次に紹介しよう。

◇セ・リーグ

1位　巨人36回
2位　中日9回
3位　広島7回
4位　ヤクルト7回
5位　阪神5回
6位　DeNA2回
7位　松竹1回

◇パ・リーグ

1位　西武21回
2位　ソフトバンク17回
3位　オリックス12回
4位　日本ハム7回
5位　ロッテ5回
6位　近鉄4回
7回　楽天1回

過去5年間のセ・パ犠打＆盗塁

	2012年		2013年		2014年		2015年		2016年	
犠打	パ856	セ839	パ795	セ758	パ877	セ751	パ646	セ744	パ802	セ565
盗塁	パ552	セ429	パ557	セ464	パ586	セ466	パ571	セ455	パ573	セ448
本塁打	パ427	セ454	パ597	セ714	パ613	セ738	パ647	セ571	パ628	セ713

どちらが健全か言うまでもない。セ・リーグは極端なことを言えば、巨人の戦術がセ・リーグの戦術になっている。巨人と阪神のFAに対するスタンスは同じだし、OB監督にこだわる巨人などセ・リーグ各球団に対して、OBでない栗山英樹（日本ハム）、伊東勤（ロッテ）、梨田昌孝（楽天）を監督に迎えたパ・リーグ、そして犠打と盗塁が少なく一発攻勢でイケイケのセ・リーグに対してスモールベースボールのパ・リーグという具合に、セとパはさまざまな部分で異なり、セのモデルは往々にして巨人のモデルであることが多い。

「犠打・盗塁はパのほうが多い」はイメージ的には逆だと思われている。しかし過去5年、セが犠打で1回上回ったことがある以外はすべてパのほうが多い。理由は単純で、パ・リーグのほうに攻略の難しい投手が多いため小技でスキを突く戦術が必要になるからだ。

その一方でフルスイングの魅力でファンの心を捉えている選手も多い。中田翔、大谷翔平（ともに日本ハム）、松田宣浩、柳田悠岐（ともにソフトバンク）、中村剛也、浅村栄斗、森友哉（ともに西武）、吉田正尚（オリックス）たちだ。得点圏に走者を進める選手と、塁上の走者をホームに還す選手の役割分担がパ・リーグのほうがはっきりしているということである。

本塁打数は対照的にセのほうが多い(15年だけパが上回っている)。これは投手力の差と、左中間・右中間の膨らみのない東京ドーム、両翼94、中堅118メートルの横浜スタジアム、両翼97・5メートルの神宮球場など、セの球場のほうに本塁打が出やすい球場が多いためだ。

ここまで紹介したパ・リーグ優位の現状を見ると、セ・リーグ各球団に大きな影響を与えている巨人がもっと頑張らなければいけないという結論になる。本当に必要なポジションに3年に1人くらいの割合で（つまり10年間に3人くらい）FA選手を獲得し、ドラフトでは上位指名で高校生、大学生&社会人をバランスよく指名し、ファームからイキのいい若手を輩出する健全な育成・輩出のパイプを作り上げる。

また、広島とともに三軍を創設した球団らしく、支配下登録28人の中に3、4人、育成出身が入っていてほしい。巨人が理想的なチーム作りをすればそれはセ・リーグ各球団にも引き継がれ、プロ野球界全体の活性化につながる。巨人はフロントトップが考えるより重要な存在で、大きな役割を担っていることを知るべきだろう。

●巨人復活の可能性

巨人が復活するためには中・長期的なビジョンをフロントトップが持てるかどうかにかかっている。優勝を宿命付けられているから他球団の実績のある選手をＦＡで獲得し、下位低迷のリスクを軽減させる、というのが彼らの口癖だが、村田修一の衰えに備えて楽天で活躍したことのあるマギー（デトロイト・タイガース）を獲得すれば今年21歳になる3年目の岡本和真の出番はほとんど期待できない。ドラフト1位で入団した岡本や吉川尚輝（二塁手）の一軍抜擢がなければ巨人の黄金時代復活はあり得ないのに、そういうことに耳を塞ぎ、ひたすら〝1ミリ前の現実〟だけを見ようとする。この負の連鎖をどこで断ち切るかが復活のカギを握っている。

第5章

中日の足踏み、阪神「超変革」の行方

●黄金時代からあっという間に暗黒時代の入口に立った中日

「好事魔多し」とはよく言ったものだ。「いいことがあっても有頂天になってはいけない」という戒めで使われるが、プロ野球界でこの言葉が最も当てはまるのが中日だろう。落合博満が監督に就任した04年から辞任する11年までの8年間、リーグ優勝4回、日本シリーズ制覇1回（2位からCSを勝ち抜いて頂点に立つ）という見事な成績を残し、Bクラスに落ちたことは一度もない。巨人、阪神との激しい三つ巴のつば競り合いを演じ、この3球団がAクラスに顔を揃えるというのがセ・リーグでは常態化していた。

しかし、その直後に急転直下の転落劇が待ち受けていた。12年に高木守道が新監督に就き2位は死守したものの、翌13年から現在に至るまで4年連続Bクラスを低迷中である。2リーグに分立した1950年から12年までの63年間で中日がBクラスに転落したのは17回。阪神の25回にくらべるとその安定感がわかると思う。まさかこの黄金時代から一転して暗黒時代の入口に立とうとは落合博満GMをはじめとするフロントトップは思いもしなかっただろう。こういう事態を迎えることが予測できなかったかというと、私は予測できたのだ。大ベテランを揃えた選手構成と、ドラフトでの即戦力志向の強さに危うさを感じていた。

落合が監督に就任した04年のドラフトでは総勢11人を指名し、そこに高校生は1人もいなかった。05～07年の3年間は高校生ドラフトと大学生&社会人ドラフトが別々に行われる分離ドラフトで選手を獲り合ったが、大学生&社会人14人に対して高校生は8人だけ。このドラフトでの即戦力志向とベテラン中心の選手構成が相まって、いつかこのチームは空中分解してしまうのではないか、と本気で考えた。

12年ぶりのBクラス（4位）転落を受けて書いた『2014年版　プロ野球　問題だらけの12球団』（草思社）には、35歳以上のベテランをさらに「35～39歳」「40歳以上」の2つのカテゴリーに分けて中日の年寄天国ぶりを紹介した。40歳以上には岩瀬仁紀、小笠原道大、和田一浩、谷繁元信、山本昌の5人が名をつらね、全員一軍の戦力だったことに驚きを禁じ得ない。

「この他に30歳以上が11人いるので30歳以上が占める割合は35パーセントにもなる（外国人を除く63人中）。巨人49パーセント、阪神39パーセントも高いが、40歳以上が5人いて、いずれも中心選手というところに世代交代が進まなかった現状と、将来への目配りを忘れた落合政権下の混迷ぶりが見えてくる。／それを表だって批判もできない。落合政権下の成績が飛び抜けてよかったからだ」

統一ドラフトに戻った08年以降、中日のドラフト戦略は随分変わった。高校生が全体的に増え、1、2位の上位でも半分の9人は高校生だった。戦力になっているのは岡田俊哉（投手・智辯和歌山）、高橋周平（内野手・東海大甲府）だけで、吉川大幾（巨人へ移籍）、西川健太郎（退団）はすでに球団にいない。そういう物足りなさはあっても以前は指名さえしていなかったのである。変化を素直に評価したい。

高校生を主体にしている日本ハムと比較してみよう。日本ハムが08年以降指名した高校生で戦力になっているのは中村勝、西川遥輝、大谷翔平で、松本剛、渡邉諒、清水優心は徐々に頭角を現しているところである。

この両球団に特徴的な違いは若い選手の扱い方にある。端的に言うと日本ハムは抜擢が早く、中日は遅い。

●抜擢に腰が引けている中日首脳陣

一軍の戦力になった基準を前と同じように「投手は14試合、5勝前後」「野手は80試合、60安打のどちらかをクリア」くらいに緩く定めて、高校卒の抜擢年数を出してみた。日本ハムは投手が大谷翔平1年（投打の合わせ技で）、上沢直之3年、中村勝5年、吉川光夫（巨人移籍）6年、野手が近藤健介3年、西川遥輝3年、中田翔4年、陽岱鋼（巨人移籍）5年、中島卓也5年、谷口雄也6年、田中賢介7年、杉谷拳士7年である。

高校卒に限らず戦力にならないと見切りをつければ早い段階で戦力外にする球団だが、2010年以降に指名した25人は巨人にトレードした石川慎吾以外、全員チームに残っている。これは高校生の力を見極めるスカウトの眼力が磨かれている何よりの証である。

中日は投手が濱田達郎2年、若松駿太3年、岡田俊哉4年、小熊凌祐8年、野手が堂上直倫4年、高橋周平5年、荒木雅博6年、森野将彦6年、平田良介6年、福田永将《のぶまさ》10年と一軍の戦力になるまで回り道をする選手が多い。抜擢を忘れた選手起用のツケがこういう部分に現れる。

また、日本ハムの選手とくらべると投手、野手に限らず、一軍の中心戦力になっている選手が少ない。中堅、ベテランの荒木、森野、平田くらいで、濱田は育成選手に身分を落とし、堂上、高橋は大きな期待をされながらこれまでシーズン１００安打を記録したのは16年、堂上がクリアしただけである。

日本ハムが極端に高校生を抜擢するのが早く、中日が極端に遅いので比較がフェアでないが、中日はこれからチームの若返りが復活するための課題なので、あえて不利な比較をしてみた。

抜擢にも頃合いがある。自著『２０１６年版プロ野球 問題だらけの12球団』（草思社）では野手は「一軍で40安打以上記録するプチブレークの前年、ファームで長打率４割記録」がのちに一流選手になる法則と紹介した。

二軍の成績を見てわかったのだが、調整のためファームにいる一軍クラスの選手はチャンスメータイプでも長打率が高い。ＤｅＮＡを

中日現役選手の一軍定着年数

［投手］			［野手］		
山井	大介	１年	大島	洋平	１年
浅尾	拓也	１年	藤井	淳志	４年
田島	慎二	１年	堂上	直倫	４年
大野	雄大	１年	杉山	翔大	４年
又吉	克樹	１年	高橋	周平	５年
福谷	浩司	２年	荒木	雅博	６年
濱田	達郎	２年	森野	将彦	６年
吉見	一起	３年	平田	良介	６年
若松	駿太	３年	福田	永将	10年
岡田	俊哉	４年			
小熊	凌祐	８年			

※投手は14試合、５勝前後
　野手は80試合、60安打が目安

参考にすると、ロペス1・333、梶谷隆幸・941、荒波翔・438などだ。ファームで長打率4割を記録できないようでは一軍で活躍することなどとても無理ということである。前出の『2016版～』では、このDeNAの宮﨑敏郎（二塁手）を抜擢する頃合いと紹介した。

14年（二軍）71試合、打率・322、安打85、長打率・432

15年（一軍）58試合、打率・289、安打44、本塁打1

宮﨑の2年間の一、二軍での成績である。きっちり成功法則のステップを踏んでいるのがわかる。そして16年、宮﨑は101試合に出場し、打率・291、安打88、本塁打11、打点36で二塁手のレギュラーを手中にしかけている。

中日では11年ドラフトで3球団が1位入札した高橋周平が伸び悩んでいる。

12年（二軍）68試合、打率・240、安打63、長打率・389

13年（一軍）66試合、打率・249、安打49、本塁打5

12年の長打率は4割にわずかに足りないが及第点と言ってもよく、13年には一軍で49安打を記録している。これらの数字は一軍に抜擢するサインだったはずだが、14年の成績は〈61試合、打率・257、安打37、本塁打6、打点14〉だった。

高橋の実力不足というより、中日指導者の抜擢に対する腰の引け方に不満が残った。もう一度、前の別表を見ていただけるとわかるが、中日は高校卒の抜擢が遅い。平田が一軍の戦力になるまで6年を要するというのはちょっと信じられない。シーズン100安打以上を打ったのがプロ8年目と遅く、20本塁打以上が実はまだ一度もない。昨年オフ、FA権を行使するかしないかと話題になったが、まだ一流の実績を挙げていないのに何でそんなに大騒ぎするのか不思議だった。

もし西武あたりに入っていたらどんな選手になっていただろう。平田の出身校、大阪桐蔭高は早いカウントからのフルスイングをモットーとしている。それが中日はベテランが多く、好球必打という考え方が浸透していない。そういう諸々が平田の持ち味を生かせないまま、中途半端な存在にしているのかなと思う。

大阪桐蔭高OBの森友哉2年、西岡剛3年、浅村栄斗3年、中村剛也4年、中田翔4年という抜擢年数の早さを見るにつけ、平田が西武か日本ハムに入っていたらどんな選手になっていたのだろうと思わずにいられない。随分回り道をしていると思う。

●「超変革」を掲げなければならなかった阪神の事情

巨人、中日のいまいちパッとしない理由をいろいろ挙げたが、関西の人気球団・阪神はさらに深刻かもしれない。16年4年ぶりのBクラスに落ちたが、そこから上昇する気配が感じられないのだ。

まず、FA権を行使したオリックス・糸井嘉男（外野手）の獲得に首をかしげた。糸井の実力に文句はないが、阪神の外野は新人王の髙山俊（今季24歳）をはじめ、江越大賀《たいが》（24歳）、中谷将大（24歳）、板山祐太郎（23歳）、横田慎太郎（22歳）の若手に、中堅の伊藤隼太《はやた》（28歳）、ベテランの福留孝介（40歳）が好バランスでしのぎを削っている。金本知憲監督の金看板「超変革」を最も象徴するポジションにどうして実績十分で、余命の少ない36歳の糸井を持ってこなければならなかったのか。

糸井を外角の一角に据えることでベテランの福留を一塁にコンバートするプランもあるというが、福留はゴールデン・グラブ賞で次点の4位に入るくらい守備のうまい外野手だ。外野に据え置けば一塁は新外国人のキャンベルが入る可能性が高いが、この選手は阪神の弱点でもある三塁を守れるという触れ込みで入団したはず。ならば一昨年の打点王・ゴメスがいると思ったら、すでに自由契約になっている。

金本監督が掲げた「超変革」は阪神ファンにとって希望のメッセージだった。少し前に、2013年の在籍選手中、30歳以上が占める割合が巨人（49パーセント）に次ぐ39パーセントと紹介したが、これはとんでもない数値である。ちなみに両リーグの優勝チーム、日本ハムは24パーセント、広島は26パーセントだった。上位球団にくらべて高齢化する選手構成に金本は危機感を覚えたのではないか。

16年のレギュラー9人を守備機会や打席数などから別表のように定めたが、ここに30歳以上は鳥谷、福留、ゴメスの3人しかいない。30歳以上の鶴岡一成、西岡剛、新井良太、上本博紀には引導を渡すような覚悟で若手を使い続けた。

原口は3年ぶりの支配下登録をされると5月の月間MVPを受賞するなど「超変革」の象徴的な選手となった。北條は15年までは一軍出場がわずか1試合だったが、金本監督の抜擢を受けて122試合に出場、打率・272、安打105で期待に応えた。生え抜きの高校卒で安打数が10

2016年阪神のレギュラー

（捕）	原口文仁	24歳
（一）	ゴメス	32歳
（二）	大和	29歳
（三）	北條史也	22歳
（遊）	鳥谷　敬	35歳
（左）	江越大賀	23歳
（中）	髙山　俊	23歳
（右）	福留孝介	39歳

0本を越えたのは14年の前田大和（現在の大和）以来である。ちなみに、生え抜きの高校卒で規定打席に到達したのは09年の関本賢太郎が最後。徹底的に高校卒が育たない球団が阪神で、これはドラフトで高校生野手を上位で指名しないスカウト戦略にも原因がありそうだ。

●優勝争いをしなければならないので即戦力を獲る

阪神はドラフトが下手だ。統一ドラフトになった08年以降、戦力になった選手が非常に少ない。ハードルをかなり低く設定しても次の5人しか思い浮かばない。

上本　博紀　打率・263、安打360、盗塁67
藤浪晋太郎　42勝32敗、防御率2・96
北條　史也　打率・272、安打105、本塁打5
岩貞　祐太　12勝14敗、防御率3・28
髙山　　俊　打率・275、安打136、本塁打8

私の成功選手の目安は「打者は500安打、1000試合出場」「投手は50勝、300

試合登板」である。間違いなくこれを超えると言えるのは藤浪だけ。これはちょっと寂しくないだろうか。

同じくらいのハードル設定ならDeNAは筒香嘉智、加賀繁、荒波翔、桑原将志、井納翔一、三上朋也、山﨑康晃、倉本寿彦、石田健大、今永昇太の10人を数える。広島なら今村猛、堂林翔太、福井優也、中﨑翔太、野村祐輔、菊池涼介、鈴木誠也、大瀬良大地、田中広輔の9人、日本ハムは大野奨太、中島卓也、杉谷拳士、谷元圭介、中村勝、増井浩俊、西川遥輝、近藤健介、上沢直之、大谷翔平、鍵谷陽平、浦野博司、岡大海、高梨裕稔、有原航平、加藤貴之の16人。

この結果を前もって阪神が知って、例えば大谷や西川をドラフトで獲得しても同じように成長しているか、という部分で強く頷けない。日本ハム首脳陣は即戦力という部分には目を向けず、大谷などはあと3イニング投げれば規定投球回に達し、防御率1位のタイトルが間違いなく獲れるという場面でもソフトバンクとのCSを優先し、ブルペンにさえ行かなかった。もし大谷が阪神にいて同じような局面に立っていたら、阪神の首脳陣は目の前の名誉を獲りに行ったのではないか、とどうしても思ってしまう。

阪神のドラフト戦略は徹底的に即戦力狙いである。08年以降、高校生を1、2位で獲ったのは一二三《ひふみ》慎太（10年2位）、歳内《さいうち》宏明（11年2位）、藤浪晋太郎（12年1位）、北條史也（12年2位）、横田慎太郎（13年2位）の5人。3位以下にも10人しかいないのだから若々しい雰囲気は出てこない。

球団関係者やOBの方と話す機会があると、私は必ず「阪神はどうして高校生をもっと獲らないんですか」と聞くが、答えは判で押したように「優勝争いする宿命があるので即戦力に向かわざるを得ない」。どこかで聞いたような言葉である。

●2年連続で野手をドラフト1位指名した球団の真意

この「優勝争いをする宿命……」云々は巨人関係者の口癖である。優勝争いする宿命があるから冒険できない、という考え方は、最終的には「だから最も確率の高い他球団の主力選手を獲りに行く」になる。前で散々書いたように、阪神のFA戦略はそれほどチームに大きな実りは与えず、逆に獲られた球団の新陳代謝を促すこともある。日本ハムなどはそうやって古い殻を脱ぎ捨てながら06年以降の11年間、強豪の座を守り続けている。

金本監督が掲げた「超変革」だが、北條に続く高校卒野手の抜擢はあるのだろうか。毎年思うことだが、この球団は20代前半の野手が少ない。人材は外野手に集中しているので江越、横田、中谷、板山という名前が出てくるのだが、FA移籍の糸井、新人王の髙山、実績のある福留がいれば付け入るスキはなさそうだ。

最も出られるチャンスがあるのはドラフト1位の大山悠輔（三塁手・白鷗大）ではないか。新外国人のキャンベル、実績のある今成亮太、新井良太という名前が出てくるのが、大方の予想を裏切って1位入札で獲りに行ったのだから、それくらいの起用法を考えてもいい。

この大山のドラフト1位、さらに15年の1位髙山、6位板山祐太郎（外野手・亜細亜大）は金本監督の進言によって生まれている。私は監督がドラフトに口を出すのは反対である。監督に権限を持たせると自分の保身を図ろうとして即戦力の投手ばかり指名しようとする。強いチームはできなくても3位に入れれば御の字という戦略で、こういう指名を続けていると3位どころかBクラスが定位置という暗黒時代（87～02年）の阪神のようなチームになってしまう。

ところが金本監督と阪神は「1位は投手7割・野手3割」という戦略が幅を利かす中で、2年連続で野手指名を敢行しているのである。変化の兆しを感じないわけにはいかない。

この2年連続野手指名、近年では次の8チームが行っている。

◇横浜・DeNA……08、09年（松本啓二朗→筒香嘉智）
◇巨人……08、09年（大田泰示→長野久義）
◇ロッテ……09、10年（荻野貴司→伊志嶺翔大）
◇ソフトバンク……09、10年（今宮健太→山下斐紹《あやつぐ》）
◇オリックス……10、11年（安達了一→駿太）
◇ヤクルト……10、11年（山田哲人→川上竜平）
◇巨人……13、14年（小林誠司→岡本和真）
◇ロッテ……14、15年（中村奨吾→平沢大河）

これまでドラフト下手と言われてきたDeNA、巨人、オリックス、ロッテが名をつらねているのがわかる。そして、この2年連続野手指名の中から筒香、長野、今宮、山田という球界を代表する打者が生まれているのである。時代は変わりつつある。

話を阪神に戻すと、危惧しているのが、思うような結果（チーム順位）が出なかったとき阪神のフロントトップは金本監督を解任しないか、ということ。三顧の礼をもって迎えられたため全権監督に近い権限を持っているが、結果が出なければ強い権限を持っているだけに責任を追及されやすい。

阪神は暗黒時代、吉田義男（2期）、村山実（2期）、中村勝広、藤田平、吉田義男（3期）、野村克也、星野仙一と、中村の6年以外は2、3年で首をすげ替えてきた。

ライバルの巨人は対照的に、水原茂11年、川上哲治14年、長嶋茂雄（1期）6年、藤田元司（1期）3年、王貞治5年、藤田元司（2期）4年、長嶋茂雄（2期）9年、原辰徳（1期）2年、堀内恒夫2年、原辰徳（2期）10年と、66年間を10人でまかなってきた。強い球団と強くない球団の差がここにある。

●生え抜きを中心としたチーム作りを目指す金本改革

阪神に話を戻すと、金本監督のドラフト時のスカウティングへの介入には強いメッセージを感じる。監督に主任したばかりの16年1月5日付の毎日新聞のインタビュー記事で、金本はこんなことを言っている。

「すぐに使えるような便利屋のような選手を多く取る球団の体質が、生え抜きが育たない要因。盗塁王、４番打者、エースになれる選手を取ろうとフロントに言っている」

もし、高山、大山の1位を主張しなければ編成は大学生か社会人の即戦力候補投手を指名し、抽選負けすればさらに即戦力候補の大学生か社会人投手を指名する、そんな繰り返しで阪神はＦＡでしか選手を揃えられないチームになってしまったのではないか——そういうメッセージを私は感じるのだ。

フロントは思ったことをずばずば言い、マスコミへの発信力のある監督を煙たく思うだろう。しかし、こういう金本のような監督こそ今の阪神には必要である。

最後に現役選手の一軍定着に要した年数を紹介する。

鳥谷敬、能見篤史、藤浪晋太郎、高山俊が1年で抜擢され、岩田稔、岩貞祐太は3年を要している。それでも阪神では早いほうで、俊介、北條は4年、上本は6年、藤川球児、大和、原口は7年、狩野恵輔は9年かかってい

阪神現役選手の一軍定着年数

[投手]		[野手]	
能見　篤史	1年	鳥谷　敬	1年
藤浪晋太郎	1年	髙山　俊	1年
岩貞　祐太	3年	北條　史也	4年
岩田　稔	3年	俊介	4年
藤川　球児	7年	上本　博紀	6年
		大和	7年
		原口　文仁	7年
		狩野　恵輔	9年

※投手は14試合、５勝前後
　野手は80試合、60安打が目安

る。それであとは？　というと名前が出てこない。時間がかかろうと一軍に定着しただけまだましなほうで、前に紹介した中日とくらべても阪神はドラフトを経て入団した生え抜きの戦力が少ない。彼らだけでは足りないのでＦＡを含めたトレードで中心選手を構成するのだが、これははっきり言って〝自転車操業〟である。一般社会では資金力のない会社が自転車操業を強いられるが、プロ野球界はどうも逆で、資金力のある阪神や巨人が自転車操業を強いられている。

金本監督はそういうチーム作りはやめて、盤石のエース、４番打者、チャンスメーカー、守護神になり得る人材をドラフトで指名して、自前で育て上げようと言っているのである。

「超変革」ははっきり言ってピンチである。引き出しが少ない阪神のフロントは順位が下がれば、２００３年のように他球団の中心打者を獲得してチームを立て直そうとするだろう。金本はまさに他球団からＦＡ権を行使して阪神に入った外様だが、それとは異なるやり方でチームを変革しようとしているのである。

終章

プロ野球戦国時代、次の盟主はここだ

●上位球団に共通するチーム作りのオリジナリティ

日本ハムを生まれ変わらせたBOSシステムは、野球に関する項目を数値化することによって「選手を目に見える存在にする」という部分に最大の特徴がある。この数値化によって選手を「主力」「控え」「在庫」「育成」のカテゴリーに分けることが可能になり、補強ポイントが明確になった。年俸・実力・年齢を秤にかけて、実績を十分積んだベテランとプロ入り3年の21歳の若手に大きな差がないとわかればトレードに躊躇がなくなり、実際に日本ハムでは頻繁に主力のトレードやFA権を行使した移籍（送り手）が行われるようになった。

チーム全体の年俸（約25億円）をはみ出さないように、という部分ばかり取り上げられているが、日本ハムのフロントが目指しているのは球界全体を覆う〝常識のウソ〟への挑戦ではないであろうか。

ソフトバンクは球団同士の世界一決定戦「クラブ・ワールドカップ構想」を孫正義オーナーが掲げ、その理念を実現させるべくファーム（二軍、三軍）施設、HAWKSベースボールパーク筑後も建設した。合理性ばかり追求すれば見落とされたかもしれない選手を年俸の総枠を取っ払って積極的に獲得、その代表的な選手が育成ドラフトを経て主力投手にのし上がった千賀滉大だ。

その一方でＦＡ宣言した他球団の主力選手を獲得することにも熱心で、二重三重の網を仕掛けて逸材の取りこぼしを防ぐ、というのがソフトバンクの最大の特徴であろう。

広島は日本ハムと同様に資金力に制限があるため、ソフトバンクのような豊富な資金力を背景にした補強ができない。逆に、その環境がスカウティングに工夫をもたらしている。野球界で初めてスピードガンを携行し、選手補強のための〝年表〟を作成し、ドラフトとファームが連携して「猛練習に耐え得る強い体の持ち主」という補強ポイントを明確にしたのも広島。39歳で２０００本安打を記録した新井貴浩はその代表的な選手である。

本書で日本ハム、広島、ソフトバンクの補強と育成のシステムを主体にして紹介したのは、戦略にオリジナリティがあるからである。例えば、ＢＯＳはシステムの上っ面だけ真似ても、数値化する項目を選択したり加えたりするのは人間なので、想像力が枯渇したらシステムの運用はそこでストップしてしまう。補強と育成に関わるマンパワーへの信頼感、それがこの３球団に共通点する長所ではないであろうか。

昨年のセ・リーグ2位、巨人は私が考える育成型とは正反対のチームだ。FA権を行使した山口俊（投手・DeNA）、森福允彦（投手・ソフトバンク）、陽岱鋼（外野手・日本ハム）、さらに2対2の大型トレードで2014年のパ・リーグMVP、吉川光夫を獲得し、外国人は13年の楽天日本一に貢献したマギーまで補強している。

その反面、広島とともにプロ野球に三軍制を導入したのは巨人で、2023年にはファームの新球場を現在の読売ジャイアンツ球場に隣接する東京都稲城市に建設することが決まっている。FA補強から育成まで網羅して徹底的に人材を補強するやり方はソフトバンクに似ている。

中日は〝守旧派〟の代表のようにここまで書いたが、ドラフトに目を向けると冒険心が試される高校生の上位（1、2位）指名は統一ドラフトになった2008年以降、セ・リーグで最多の9人を数える。2位指名した5人が全滅状態で、1位も岡田俊哉、高橋周平、小笠原慎之介が結果を残していないが、復活の気配は感じられる。あとは一軍首脳陣の〝抜擢する心〟だが、この部分が21世紀に入ってから停滞気味になっている。

この高校生の上位指名と同様に冒険心が試されるのが野手の上位指名。それがセ・リーグで巨人に次いで多いのが阪神。即戦力投手ばかり指名している印象があるが、ここ2年間は新人王の高山俊、大山悠輔を獲得している。この2人の1位指名を進言したのが金本知憲監督。

率先してチーム改造の旗振り役を務め、昨年は「超変革」のスローガンを掲げ、実績のまったくない北條史也、原口文仁を一軍の戦力に育て上げた。十年一日のチーム作りを俺の代で変えてやる、という意気込みが「超変革」からは伝わってきたが、今年は「挑む」に変わった。「超変革」の精神は健在なのであろうか。

ヤクルトとＤｅＮＡは野手のスーパースター、山田哲人、筒香嘉智を追い風にして観客動員を飛躍的に伸ばした。ヤクルトは前年比８・９パーセント増の１７７万９４６０人、ＤｅＮＡは同５・４パーセント増の１９３万９１４６人。ヤクルトは２００５年以降最多で、ＤｅＮＡは球団史上文句なしの最多人数である。

投手は先発が28試合（昨年の則本昂大《たかひろ》とメッセンジャーの登板数）、リリーフは70試合登板（マシソンと秋吉亮の登板数）が限界のようだが、野手は１４３試合すべてに出場する可能性がある。それは観客動員の強い追い風になるということ。１リーグ時代を含めた過去74回中、新人王の野手受賞者は49回、投手は25回。毎日試合に出続けることの有効性がこれだけでよくわかる。その野手のスーパースターがヤクルトとＤｅＮＡにはいる。

筒香は09年の1位入札、山田は翌10年、斎藤佑樹（日本ハム）、塩見貴洋（楽天）の外れ外れ1位指名という違いはあるが、高校生野手はゼロか百かという〝ハイリスク、ハイリターン〟に特徴があるので、覚悟のいる指名だったことがわかる。冒険をしない球団に野球の神様は微笑まないという好見本で、08年以降ドラフト1位で高校生野手を一度も指名してこなかった阪神には耳が痛い話である。

●球場新設、ファーム施設のリニューアルが急ラッシュ

05年から始まった交流戦でセ・リーグを圧倒し（負け越しは1回だけ）、過去14年の日本シリーズを11勝3敗と勝ち越している強いパ・リーグで近い将来、日本ハム、ソフトバンクに迫るのは楽天だと考えている。08年以降、ドラフト上位で10人の高校生を指名し、松井裕樹、釜田佳直が一軍の戦力に定着、安樂智大、内田靖人、小野郁、オコエ瑠偉に出てくる気配がある。そういう若手主体でありながら外国人8人を支配下登録させるやり方はソフトバンクに共通するものだ。

本拠地の楽天Ｋｏｂｏスタジアム宮城（コボスタ宮城、現Ｋｏｂｏパーク宮城）を全面

天然芝化し、レフトスタンドの向こうには4000平方メートルの芝生が敷き詰められたファミリー空間「スマイルグリコパーク」があり、そこには36メートルの高さを誇る観覧車が聳え立ち、直径8メートルのメリーゴーランドが優雅に回転している。1987年をもって閉場した後楽園球場以来、遊園施設と同居する球場はないので、まさに30年ぶりのボールパーク復活と言っていいだろう。

球界全体では、諸施設の新設、リニューアルが明らかになっているのは次の6球団。

日本ハム……2017年に鎌ヶ谷スタジアムの内野スタンドを全面リニューアル

ソフトバンク……2016年にHAWKSベースボールパーク筑後竣工

楽天……2016年から内・外野全面天然芝に変更

オリックス……2017年から二軍本拠地を大阪の舞洲に移転

巨人……2023年にファーム球場を東京都稲城市に新設

DeNA……2019年からファーム施設を横須賀市追浜公園内に移転

広島も2009年に新球場、MAZDA Zoom-Zoom スタジアム広島を竣工しているので、環境整備に力を入れている球団の一つだ。今後、諸施設の環境整備が期待されるのは昨年Bクラスの中日、阪神、ヤクルト、西武にロッテを加えた5球団。

中日、阪神は数年前まで巨人とともにセ・リーグのトップを形成した球団で、ヤクルトは2年前のセ・リーグ優勝球団。西武は現在、3年連続Bクラスに低迷しているが、08年以降、ドラフト上位で指名した菊池雄星、牧田和久、十亀剣、増田達至、森友哉、髙橋光成を一軍戦力に育て上げているように育成力は球界トップクラスの定評がある。

さらに中村剛也、栗山巧、浅村栄斗、秋山翔吾はリーグを代表する好・強打者で、なぜこの球団が3年連続でBクラスにいるのかわからない。黄金時代の名二塁手として名高い辻発彦を監督に迎えどのような変貌を遂げるのか興味深く見て行こうと思う。

ロッテは05年以降、日本シリーズ制覇2回、Aクラス6回を数える上位常連球団だ。昨年は石川歩が最優秀防御率、角中勝也が首位打者と最多安打、ベストナインは角中が外野手、田村龍弘が捕手、鈴木大地が遊撃手で獲得しているように、選手個々の能力も高いのだが、前半走って後半ガス欠になるという戦い方が近年パターン化している。群雄割拠の中から抜け出すためには今年の新人選手、佐々木千隼、酒居知史たちの活躍がカギを握っていることは確かだが、中心軸が定まらない近年のロッテ打線を見ると、大谷、中田、クラスの素材をドラフトで獲得しないと本当の強さは備わらないと思う。

全12球団の現状と将来の可能性を見てきたが、現在の球界はセ・リーグが黄金時代の証、日本シリーズ2連覇を79～80年の広島以来、36年間どの球団も実現していない。パ・リーグは14～15年にソフトバンクが日本シリーズ2連覇を成し遂げ、その強いソフトバンクを昨年、最大11・5ゲーム差をつけられた日本ハムが逆転して優勝、CS、日本シリーズも勝ち抜いて10年ぶりの日本一を勝ち取っている。

この2球団が先行し、セ・リーグの伝統球団・巨人と16年のリーグ覇者、広島が並走してあとを追いかけるというのが現在のプロ野球の姿。チーム作りで大切なのは知恵と工夫、資金力のある球団は一過性的な選手への投資より、設備・環境整備のための投資を惜しまないこと。各球団のチーム作りの取り組み方を見ていると、そのことがよくわかるのである。

●盟主の条件

さて、本書のタイトルは『プロ野球戦国時代！　次の盟主はここだ！』である。ここまで盟主の候補をソフトバンク、日本ハム、広島、巨人……と挙げてきたが、はっきり順番をつけていない。この原稿を書いている２０１７年1月現在は、伝統の蓄積と年間３００

万人を超える観客動員数を誇る巨人が球界をリードしているが、12年以降日本シリーズ制覇が一度もなく、所属するセ・リーグが交流戦や日本シリーズでパ・リーグに負け続けている現実を見ると、次代も巨人が球界を牽引していると強く推せない。チーム作りに確固とした信念を抱き、自らの進む道が他球団の進む道と重なると迷いなく思えること、それが次代の盟主の条件である。

球界全般を俯瞰する目を持ち、世界を視野に収めて球界の進むべき道を示す、さらに他球団が盟主だと認めるだけの現実的な強さを持ち合わせている、その理想像に最も近いところにいるのはソフトバンクである。ただし、巨人がやってきたような盟主の役割はこれからのプロ野球界には求められていない。マスメディアを総動員して、野球ファンの裾野を開拓することこそ巨人がやってきた盟主の役割だが、世界レベルのスーパースターを育成し、国際大会で好成績を収め続けることこそ今後のプロ野球界では求められている。ソフトバンクは〝次代の大谷翔平〟を育て上げることができるだろうか。

WBCの第1、2回大会を制し、世界野球ソフトボール連盟（WBSC）による〝野球の国力〟を示すランキングは14年11月以来、世界一位の座を守り続けている侍ジャパン。球界の盟主はこのことを念頭に置いてチーム作りをしなければならない。強いチーム作りは侍ジャパンの国際大会での活躍を後押しするのである。

最後に、吉村浩（日本ハム・取締役チーム統括本部長兼GM）、小川一夫（ソフトバンク・編成育成部長兼スカウト室室長）、鈴木清明（広島・常務取締役球団本部長兼連盟担当）、安部井寛（楽天・本部長兼連盟担当）、すでに球界から退いている方では根本陸夫（元ダイエー・球団社長、故人）、清武英利（元巨人・球団代表兼編成本部長）のチーム作りに数多くのヒントをいただいた。この場を借りて感謝申し上げたい。

参考文献

『スカウト』後藤正治著（講談社、１９９８年）
『巨魁』清武英利著（ＷＡＣ、２０１２年）
『神宮球場ガイドブック』（発行＝明治神宮野球場、
製作＝ベースボール・マガジン社）
『２０１６年版　プロ野球 問題だらけの 12 球団』
小関順二著（草思社、２０１６年）
『間違いだらけのセ・リーグ野球――パ・リーグばかりがなぜ強い！？』小関順二著（廣済堂新書、２０１５年）
『野球力――ストップウォッチで判る「伸びる人材」』
小関順二著（講談社＋α新書、２００６年）

著者　小関 順二（こせき じゅんじ）
1952年神奈川県生まれ。日本大学芸術学部文芸学科卒業。プロ・アマ含めて年間300試合超の観戦に駆け回る。スカウティングとドラフトにいち早く着目し、フレッシュオールスターゲームのゲスト解説やドラフト会議の解説を行うなど若手選手の動向を熟知。また、多くの球団関係者（選手、フロント、スカウト）の知己があり、プロ野球の醍醐味を知り尽くしたスポーツライター。著書『プロ野球 問題だらけの12球団』（草思社）『間違いだらけのセ・リーグ野球』（廣済堂新書）他多数。

プロ野球戦国時代！　次の盟主はここだ！

2017年2月24日　初版発行

著　者　小関《こせき》 順二《じゅんじ》
発行者　佐久間重嘉
発行所　学陽書房
〒102-0072　東京都千代田区飯田橋1-9-3
営業部　電話 03-3261-1111　FAX 03-5211-3300
振替口座 00170-4-84240
編集部　電話 03-3261-1112　FAX 03-5211-3301
http://www.gakuyo.co.jp/

装幀/佐藤 博　印刷/加藤文明社　製本/東京美術紙工

ISBN978-4-313-81607-7　C0095
※乱丁、落丁本は、送料小社負担にてお取り替え致します。